AF226693

APERÇUS HISTORIQUES

SUR

LES ORIGINES ET LES RELIGIONS

DES ANCIENS PEUPLES DE L'ESPAGNE ET DES GAULES.

APERÇUS HISTORIQUES

SUR

LES ORIGINES

ET

LES RELIGIONS

DES ANCIENS PEUPLES DE L'ESPAGNE ET DES GAULES.

Par M. Emile BURGAULT,

Président de la Société polymathique du Morbihan.

Extrait du Bulletin de la Société polymathique du Morbihan. — 1er Semestre 1870.

VANNES

IMPRIMERIE DE L. GALLES, RUE DE LA PRÉFECTURE.

—

1870.

APERÇUS HISTORIQUES

SUR

LES ORIGINES ET LES RELIGIONS

DES

ANCIENS PEUPLES DE L'ESPAGNE ET DES GAULES.

I

Il a toujours été plus facile de parler des Celtes que de les définir. Nous ne prétendons pas en donner une définition plus sûre que nos devanciers, mais celle que nous essayerons de formuler nous paraît suffisante pour fixer les idées dans la mesure des exigences légitimes en tenant compte de difficultés d'une exactitude rigoureuse, lorsqu'on remonte très haut dans l'antiquité.

— Les Grecs ont été les premiers géographes et les premiers historiens, si on fait abstraction des traditions et des annales de l'Égypte, de l'Inde, de la Chine, de la Phénicie, des Chaldéens, des Hébreux, des mages de la Perse et des pays circonvoisins, qui ont rarement recueilli des faits en dehors de certains rayons asiatiques ou du rayon égyptien.

Le génie de la Grèce a été plus cosmopolite ou moins exclusif. Cependant il s'est écoulé bien du temps avant qu'elle apprît à connaître le nord, le midi et l'occident. Originairement elle ne s'était pas avisée que les pays septentrionaux renfermaient un grand nombre de peuples. Elle leur donnait à tous le nom de Scythes, et en même temps elle appelait Éthiopiens tous les peuples de l'Afrique qui n'appartenaient pas à l'Egypte.

Les anciens ont ensuite distingué au nord de la Grèce une race différente des Scythes qu'ils ont désignée sous la dénomination de Celto-Scythes. Plus tard, d'autres divisions et subdivisions ont pris place dans le langage et dans les livres. Mais le nom de Celtes (Keltes), sans addition d'aucun autre, quand on a commencé à en faire usage, avait été restreint à la contrée située entre les Cévennes et les Alpes et particulièrement à la Narbonnaise. Puis on en a étendu l'application à tous les peuples occi-

1

dentaux, autres que ceux connus sous l'appelation d'Ibères ou celle de Celtibères, qui marquait une agglomération ou fusion des deux races (1).

Pour nous, les Celtes sont la race dont le type caucasien dominait dans les classes supérieures de la Gaule, qui avait sû assimiler à sa nationalité générale des éléments nombreux empruntés à des nationalités diverses, soit dans le cours de ses pérégrinations, soit en se fixant dans le pays, et dont la langue, très variée dans ses dialectes, mais reconnaissable partout dans ses formes constitutives, était parlée dans la Celtique gauloise, la Belgique, l'Helvétie, la Grande-Bretagne, l'Ombrie, le Milanais, la Galatie asiatique, la Bohême, sur les bords de la Baltique et probablement dans la Pannonie, la Thrace et la Tauride.

II

† Au dire d'Ammien Marcellin (l. 15 n° 12) les Gaulois avaient généralement une haute taille. Leur chevelure était rousse, leur teint blanc, leur regard terrible. Diodore (l. 5 n° 28) en fait à peu près le même portrait. Suivant lui le blond, couleur naturelle de leurs cheveux, aurait été rehaussé par l'usage habituel d'une lessive de chaux.

⊹ Strabon (l. 7 ch. 1er n° 2), parlant des Germains, les compare aux Celtes : une stature plus élevée, une chevelure plus blonde et un regard plus farouche seraient les seuls traits distincts des Germains. Par ailleurs ressemblance parfaite.

Lorsque le même auteur (l. 4 ch. 5 n° 2) entreprend de marquer la différence des Bretons et des Gaulois, il dit que les premiers sont plus grands et moins blonds.

⊹ Tacite (Germ. n° 4) affirme que les Germains ont des yeux bleus, un regard féroce et des cheveux roux.

Il faut en conclure, ce nous semble, que la nuance de la chevelure n'était pas très constante chez les hommes de la Gaule et des pays réputés germaniques, aux temps des écrivains que nous venons de citer. Il pourrait bien en avoir été ainsi sous le rapport de la taille. La diversité des points sur lesquels les observations étaient faites dans l'une et l'autre contrée explique ces divergences, et l'altération de la teinte naturelle des cheveux, due à des moyens factices, rendait souvent, nous le supposons, les recherches comparatives fort difficiles.

† La proche parenté des Celtes et des Ariens qui peuplaient la Médie, la Bactriane, la Perse et l'Arianie est incontestable. Cependant il ne faut pas s'attendre à rencontrer une race blonde dans cette partie de l'Asie à une époque relativement plus rapprochée de nous.

Voici comment Ammien Marcellin (2) dépeint les restes des anciens Aryas au pays considéré comme leur berceau :

(1) Diodore de Sicile l. 5 n°s 32 et 33, et Strabon l. 1er ch. 2 n° 27, l. 4 ch. 1er et l. 9 ch. 6.

(2) L. 23 n° 6 et l. 31 n° 1er.

« Dans ces nations si différentes et si multipliées, les hommes ont entre
» eux des dissemblances comme les lieux qu'ils habitent, mais pour
» donner une idée générale de leur physique, ils sont presque tous
» maigres et olivâtres, ils ont le regard oblique du bouc, les sourcils
» joints et arqués. Leurs cheveux sont touffus et hérissés..... si les Perses
» sont guerriers par essence, c'est que le sang scythe a originairement
» coulé dans leurs veines. »

Sans doute par *Perses*, dans ce passage d'Ammien, il faut entendre
les Parthes qui étaient plus Scythes qu'Iraniens, mais il n'en est pas
moins vrai qu'il donne aux Ariens faisant partie de l'empire des Parthes
comme aux Parthes eux-mêmes, des particularités corporelles bien éloi-
gnées de celle des Celtes de la Gaule et de la Bretagne insulaire. Nous
ne retrouvons l'extérieur historique de nos Celtes que dans les Goths,
les Wisigoths, les Vandales, les Gépides peints par Procope (1) et les
Allains d'Ammien (2). La ressemblance entre les petits Goths et les
Gaulois ne devra pas nous surprendre. Ils parlaient le même langage
d'après Tacite (3).

III

D'où sont sortis les Celtes ? où avaient commencé les Ariens ?

En lisant le *Zend avesta* (4) on serait induit à croire que, nés dans
un climat très doux, les Ariens auraient ensuite habité le nord vers la
région polaire (un pays de dix mois d'hiver et de deux mois d'été) pour se
soustraire aux attaques continuelles d'une race dont la méchanceté et
la laideur se trouvent symbolisés dans les *Dews*, *Devas* ou *Daévas*. Puis ils
seraient revenus à peu près au point de départ. A leur retour, le rameau
celtique devait être déjà détaché de la souche mère. Les traditions ira-
niennes ne mentionnant pas cette séparation, elle se perd à nos yeux
dans la nuit d'une très haute antiquité.

IV

Les Ariens, après avoir pris ou repris possession, eurent à se défendre
contre des peuples plus aguerris ou plus nombreux. Ils subirent, pendant
quinze cents ans, selon Trogue Pompée dans son abréviateur Justin (5),
le joug des Scythes qui s'étendit sur toute l'Asie, et dont le bras de Ninus,
fils ou successeur de Bel, les aurait affranchis, vers 1960 avant l'ère
chrétienne, pour y substituer son empire.

Nous laissons aux savants à décider ce qu'il faut entendre par ces quinze
siècles. Nous nous bornons à remarquer que, si ce sont seulement quinze
cent révolutions lunaires, le commencement de la conquête de l'Asie
par les Scythes correspondrait à l'invasion de la vallée du Nil par les

(1) Guerre des Vandales, l. 1er ch. 2.
(2) L. 31 n° 2.
(3) Germ. n° 43.
(4) *Vendidad-Sadé, 1er fargard* et *Boun Dehesch* (cosmogonie des Parsis).
(5) Justin, l. 2 n° 3.

Hyk-Sôs, sous le règne de Timaüs (Concharis), dernier roi de la seizième dynastie, qui remonte à vingt et un siècles avant Jésus-Christ pour quiconque ne conteste pas la chronologie de Manethon, prêtre et scribe sacré de Sebennyte.

Les chroniques géorgiennes, contre lesquelles tant d'écrivains se sont inscrits en faux, mais qui ont au moins la valeur de documents historiques, nous offrent une coïncidence du même genre avec la version de Trogue Pompée sur un autre point. Elles placent à peu près dans la même période séculaire une irruption en Géorgie, en Arménie et ailleurs, d'un peuple qu'elles appellent *Khazars,* habitant des pays situés au nord du Caucase. Son passage fut marqué par des pillages et des ruines, et il emmena avec lui les populations de vastes contrées. Une partie des *Ouxi,* l'une des nations qui étaient encore puissantes en Médie au temps de Strabon et qui y vivaient du produit de leur butin, dans un état de guerre continuelle avec les Parthes (1), fut transportée par les *Khazars* dans le Caucase, où leurs descendants qui se disent *Irones* et résidants de l'*Iron* ou *Ironistan* (2) sont connus en Europe sous le nom d'*Ossètes* et des Géorgiens sous celui d'*Ossi* et *Owsni.* Suivant leur tradition, d'accord avec l'histoire géorgienne, ces Ossètes se seraient répandus jusqu'au Don, et n'auraient été repoussés dans leurs montagnes qu'au treizième siècle, par le petit-fils de Tchinghiz-Khan.

Nous croyons retrouver des démembrements de ce peuple dans les *Ossiliens,* que Ptolémée place au confluent du Tanaïs, et dans les *Osi* de Tacite, Osériates de Pline, au milieu de la Pannonie. Nous espérons démontrer bientôt qu'il s'en trouvait également, selon toutes probabilités, dans notre Bretagne armoricaine.

Jamais l'humanité ne fut plus affligée par les luttes armées qu'à l'époque dont nous parlons. Outre l'asservissement de l'Asie et les transportations en masse par les hommes du nord, outre les dévastations et les massacres de l'Egypte, l'Arménie, la Babylonie, la Cappadoce, la Bactriane, la Médie et la Perse étaient aux prises, si on ajoute quelque foi aux vieux livres chaldéens compilés par Mar-apas-Catina et résumés par Moïse de Khoren. Cette guerre, dans laquelle Bel, un mage, chef des Mèdes, et un grand chef arménien succombèrent successivement, à laquelle Bacchus et Hercule indien, ou plutôt les peuples qu'ils avaient formés, prirent part comme auxiliaires, serait celle des Titanides (3).

On conçoit quels refoulements ces événements avaient causés parmi les habitants de l'Asie, combien de petites nationalités avaient été anéanties, d'autres réduites à s'absorber dans des nationalités plus puissantes,

---

(1) Strabon, l. 11, ch. 13, n° 6, et l. 15, ch. 3, n° 12.
(2) Ancien nom de la Médie et de la Perse.
(3) Moïse de Kerhoren, histoire d'Arménie, ch. 7 à 17. Fragments de Mar-apas-Catina, 4 à 9. Fragments de Castor conservés par Eusèbe.

quelles associations volontaires ou forcées et quelles unions de races en
étaient résultées.

V.

Ce grand mouvement du nord vers des climats plus chauds ou plus
tempérés suppose un trop plein dans les contrées septentrionales.

Nous ne le voyons pas tout entier, et, à la distance où nous sommes
placés, c'est déjà beaucoup d'en saisir quelques détails, en perdant la
vue d'ensemble.

Très probablement, lorsque les Mèdes et les Perses quittaient leur
terre primitive ou plutôt celle où leur race avait pris son accroissement,
les Celtes s'en éloignaient aussi. Leur premier ban devait être en marche
vers la Gaule et la Grande-Bretagne, s'il n'y était pas encore rendu, et
les autres bans pouvaient être échelonnés dans l'Europe et l'Asie à peu
près dans les situations où l'histoire les rencontre plus tard ou bien
signale d'autres hommes dans lesquels on pressent leurs congénères.
S'ils n'étaient pas en Afrique, s'ils n'y ont pas non plus reflué des
Gaules par l'Espagne, ils y sont venus, soit dans les bandes des *Hyk-
Sôs*, soit refoulés par elles.

VI.

Nous croyons que les Celtes ont commencé dans l'Europe septen-
rionale ou dans les parties asiatiques limitrophes, si ce sont eux qui
ont élevé les grands monuments de nos contrées dont nous cherchons la
date et la signification positive.

Les tertres sépulcraux de la Russie n'ont peut-être pas été suffisamment étudiés pour conclure à un établissement prolongé des Celtes,
mais les tumulus avec grottes sépulcrales, en tout semblables à ceux
que l'on trouve en France, particulièrement en Armorique, et dans les
îles anglaises, sont si nombreux dans la Suède, la Norwège et le Danemarck, et si remarquables par l'originalité de leur construction, qu'il
n'est pas possible de nier que c'est la même race antique qui les a
élevés sur ces divers points, et comme on en trouve dans tous les lieux
où l'on a la certitude que les Celtes ont demeuré, on est forcé de reconnaître qu'ils en sont les constructeurs ou, ce qui est bien invraisemblable, que ces monuments sont dus à une race antérieure sur les pas
de laquelle les Celtes auraient partout marché, et qui n'aurait laissé ni
son nom, ni d'autres traces de son existence.

Les Tchoudes et les Ibères n'ont pas légué de pareils monuments.

Les renseignements fournis par Malte-Brun (1) nous montrent chez
les Finnois d'antiques tombeaux qui offrent une grande analogie avec

---

(1) L. 94e.

celui en forme de coffret du *Mané-Beker-Noz*, sur les côtes du Morbihan, d'où notre collègue, le docteur Closmadeuc, a extrait des ossements humains dont la conformation rappelle, à quelques égards, les squelettes de certaines espèces nègres des Néo-Calédoniens, des Hottentots et des Gouaches (1). Si, dans quelques lieux de la Médie et même dans la Babylonie, on aperçoit des tumulus, ce sont d'assez rares exceptions. Dans l'Arménie, l'ancienne Syrie, la Palestine, la Tartarie, les parties connues de la Chine et du Thibet, on n'en a pas constaté, ni dans l'Arabie non plus, à moins que ce ne soit dans une des îles de la mer Rouge, la sépulture d'Érythrée que Strabon (2) décrit d'une manière incomplète.

Nous pensons donc que ce sont les Celtes et non leurs devanciers qui ont créé les tumulus à galeries souterraines, et si M. Turnan dit avoir exhumé des crânes similaires à celui de *Mané-Beker-Noz* dans les longs barrows de la Grande-Bretagne et les plus anciens monuments mégalithiques de la presqu'île scandinave, outre qu'il ne paraît pas qu'aucune découverte de ce genre ait été faite dans des galeries ou caveaux, l'arrivée des Celtes (race supérieure aux êtres qui ont laissé ces débris) n'implique pas une expulsion complète et immédiate des premiers habitants. Ceux-ci ont pu être inhumés à côté des cendres de leurs nouveaux maîtres, où les tumulus celtiques érigés par les arrivants pour honorer leurs morts se seraient superposés à d'anciennes nécropoles ou à d'anciennes tombes isolées.

VII.

La croyance à la parenté de tous les peuples de la Thrace et de l'Illyrie reposait sur une tradition constante qui se traduisait dans une généalogie fabuleuse. De ce nombre étaient ceux qui avaient retenu le nom de Celtes, les Mèdes, les Triballes, les Mysiens ou Mœsiens, les Dardaniens, les Dalmates et les Liburnes. Les Taurisces, Taurisques ou Tauristes et les Scordises, reconnus généralement comme Celtes, ont aussi habité la Thrace et l'Illyrie.

Puis les premiers ont passé dans le Norique et les seconds dans la Pannonie où s'étaient retirés les Boiens, autre nation celtique, après leur expulsion d'Italie par les victoires des Romains. Le nom de Bohême rappelle l'établissement des Boiens dans le pays. Les Norisques et les Rhètes semblent appartenir à la même origine. Les Cimbres ou Cimmériens (Kimrys), qui ont occupé la Chersonèse tauride (la Crimée) et le Danemarck, et qui avaient étendu leurs incursions à la droite du Pont-Euxin dans la Paphlagonie et la Phrygie, au temps de Midas (treize

---

(1) Bulletin du premier semestre de la Société polymath., année 1865, p. 39 à 50.

(2) L. 16, ch. 3, n° 5. — Erythrée était un chef étranger dont la nationalité était voisine des Celtes.

cents ans environ avant l'ère chrétienne), pénétré dans la Lydie et l'Ionie et pris Sardes, qui, plus tard, firent trembler les Romains au temps de Marius, étaient Celtes. Les Trères de l'Asie, leurs frères d'armes, appartenaient à la même race (1). Nous devons observer au surplus que les Mysiens d'Asie, les Bithyniens et les Phrygiens passaient pour des peuples sortis de la Thrace (2), et que l'une des légendes du culte de la grande mère repose sur la croyance traditionnelle à la fraternité des Galates et des habitants de la Phrygie.

Ils pratiquaient les mêmes cultes, et beaucoup de noms de lieux étaient identiques dans les deux contrées (3).

Un petit peuple de la Pannonie prenait le nom de Belgites (4).

Sur la Baltique, il y avait deux autres peuples évidemment celtes ou celtisés. C'étaient les Gothins, qui parlaient la langue gauloise, et les Estyens, dont le langage ressemblait beaucoup au breton. — Entre la Forêt-noire, le Rhin et le Mein, on trouvait les Helvètes, dont l'origine gauloise ne supportait aucun doute (5).

Toutes ces nations celtiques avaient fréquemment passé d'un lieu à un autre ; mais les indications que nous donnons suffisent pour se rendre compte de leurs nombreuses ramifications et des pays où elles ont vécu avant d'arriver dans les Gaules et dans la Grande-Bretagne, qui ont renvoyé plus d'une fois vers le point de départ et sur les chemins parcourus une partie des premiers essaims, lorsque de nouveaux sont venus demander et conquérir leur place aux extrémités de l'Occident européen.

Tout près d'eux, vers l'Elbe, demeuraient d'autres peuplades répondant au nom, soit générique, soit régional, de Lygiens, et dont la plus redoutable prenait le nom particulier d'*Ariens* (6), anciennement porté par les Mèdes (7). Elles appartenaient donc au moins en partie à la même souche que les Celtes et les Oses. La communauté de mœurs et d'armes défensives et offensives existante entre tous les Lygiens rend probable une communauté d'origine.

---

(1) Arien, *Exp. d'Alexandre*, l. 1er, ch. 1er. — Appien ill., nos 1, 2, 3, 4, 5 et 9. *Guerre civile*, l. 1er, no 29. — Diodore de Sicile, l. 5, no 22. — Strabon, l. 1er, ch. 2, no 9; ch. 3, 22; liv. 3, ch. 2, no 12; l. 7, ch. 2, no 2; l. 7, ch. 3, no 2; ch. 4, nos 3, 4 et 5, ch. 5, no 2; l. 11, ch. 2, no 8; l. 12, ch. 3, no 8; l. 13, ch. 3, no 2, ch. 4, no 8; l. 14, ch. 1er, no 40. — Pline, l. 3, ch. 25 et 26; l. 40, ch. 11. — Tacite, *Germains*, no 28. — Hérodote, l. 4, nos 11 et 12, et l. 5, no 9. — Nicolas de Damas, fragments du liv. 18.

(2) Strabon, l. 12, ch. 3, no 3; ch. 4, nos 4 et 8; l. 10, ch. 3, no 16.

(3) Strabon, l. 13, ch. 1er, no 21.

(4) Pline, l. 3, ch. 25.

(5) Tacite, *Germ.*, 28, 43 et 45.

(6) *Ibid.* no 48.

(7) Hérodote, l. 7, no 62.

VIII.

Une autre race guerrière, mais en même temps portée d'instinct vers la navigation et le commerce, se montre partout rapprochée des Celtes, avec d'antiques alliances et même à l'état de fusion. C'est la race des Esclavons, Slavons ou Slaves, connue sous les dénominations générales d'*Antes* ou *Andes*, *Venètes*, *Énètes*, *Genètes*, *Venèdes*, *Wenèdes*, *Winèdes*, Celtes par les coutumes, la manière de se vêtir et la ressemblance physique, là où leur mélange avec les Tchoudes et surtout avec les Finnois, dont la langue paraît avoir à la longue envahi la leur, n'avait pas altéré leur type primitif. Strabon hésitait à reconnaître cette race hors de Paphlagonie, d'où elle envoya, unie aux Cimmériens, des auxiliaires à la ville de Troie, et il la croyait éteinte en Asie, quoiqu'elle y fût encore nombreuse à son époque. Mais les auteurs qui ont écrit après lui l'ont retrouvée avec une incontestable certitude historique (1).

Ceux des Venètes habitant sur les bords de l'Adriatique confinaient à des peuples de la Thrace que leurs traditions rattachaient à la branche médique (2).

IX.

Passons maintenant rapidement en revue ce que l'on sait au point de vue moral, religieux et coutumier des Celtes et des peuples celtisants au nord de la Grèce.

Leur entraînement à des expéditions guerrières, leur impétuosité dans les combats et l'habitude du tatouage, du moins de la part des chefs, avaient un caractère de généralité qui n'a échappé à personne. Mais le degré intellectuel n'était pas le même chez tous, soit que les circonstances particulières de la vie et des relations extérieures de chacun en fût l'unique cause, soit (ce que nous inclinons à penser) qu'ils n'eussent pas été également bien doués par la nature. Des différences profondes dans les mœurs, dans les idées, dans les croyances existaient malgré la proximité des demeures. La Thrace avait donné au monde Orphée qui devançait son siècle, et d'autres poètes célèbres très anciens dont les vers ne nous sont point parvenus. A côté d'eux régnait une extrême barbarie. Les Thraces affrontaient la mort, les uns avec la persuasion que les âmes reprennent une existence nouvelle en se séparant du corps, les autres que, si elles ne reviennent pas, ce n'est point le résultat d'un anéantissement, mais parce qu'elles passent à une condition plus heureuse; d'autres, que le néant auxquels ils avaient foi est

---

(1) Jornandès, *Guerre des Goths*, ch. 5 et 23. — Pomponius Mela, 1. 1er, ch. 2. — Tacite, *Germ.*, nº 46. — Pline, 1. 3, ch. 19; 1. 6, ch. 2; 1. 37, ch. 3. — Tite-Live, 1. 1er. — Strabon, I. 13, ch. 1er, nº 53; 1. 5, ch. 1er, nº 6. — Polybe, 1. 2, nº 17. — Arrien de Nicomédie, fragments, nº 49.

(2) Hérodote, 1. 5, nº 9.

préférable à la vie. Sous l'influence de ces convictions si divergentes, dans certains endroits on saluait par des pleurs un enfantement et l'avenir réservé au nouveau-né, tandis qu'au contraire on y célébrait les funérailles comme des fêtes solennelles et sacrées par des chants et des réjouissances. L'honneur d'être immolées sur le cadavre de leurs époux était très ambitionné par les femmes au milieu de quelques-uns de ces peuples. C'était ceux qui admettaient la polygamie.

Les filles de la Thrace ne se piquaient pas généralement d'une grande chasteté. L'usage leur laissait toute liberté, et si la mort d'Orphée n'était pas un mythe, leurs compatriotes auraient pu trembler en dédaignant leurs charmes. Le mariage, au contraire, les soumettait à une garde sévère.

Comme pour faire contrepoids à la licence et aux abus dans les rapports des deux sexes, il y avait dans la Thrace et l'Asie-Mineure des hommes qui s'en abstenaient complètement. Ils menaient une vie cénobitique analogue à celle des Esséniens de la Judée, jouissaient d'une réputation de sainteté et devenaient l'objet d'une grande vénération (1).

La Thrace offrait un autre contraste : deux cultes parallèles, l'un populaire adressé par les masses à Mars, Bacchus et Diane, l'autre réservé aux chefs qui honoraient principalement Mercure qu'ils se donnaient pour ancêtre (2).

Aux funérailles des riches on immolait toutes sortes d'animaux. Un festin suivait le sacrifice. Les corps étaient brûlés ou mis en terre. On élevait ensuite un tertre sur le lieu de la sépulture et on célébrait des jeux (3).

Les Kymris de la Chersonèse tauride et de la Chersonèse cimbrique sacrifiaient des victimes humaines. Ils interrogeaient l'avenir dans les flots de leur sang et dans leurs entrailles. Les ministres de ce culte étaient des femmes (4).

Les Estyens de la rive droite de la mer Suévique adoraient la mère des dieux sous la figure emblématique du sanglier (5), et les Naharvales, compris au nombre des Lygiens, avaient un bois commis à la garde d'un prêtre en habit de femme, et consacré à des dieux dont les attributs étaient ceux de Castor et Pollux, mais sans aucunes images (6).

---

(1) Hérodote, 1. 5, nᵒˢ 3, 9. — Pomponius Mel.., 1. 2, ch. 2. — Strabon, 1. 7, ch. 3 nᵒˢ 3 et 4; 1. 10, ch. 3 et 4; 1. 10, ch. 3, nᵒˢ 3 et suivants.

(2) Hérodote, 1. 5, nᵒ 7. — La différence du culte populaire et du culte des chefs suppose que ceux-ci n'étaient pas de même race.

(3) Hérodote, 1. 5, nᵒ 8.

(4) Strabon, 1. 7, ch. 2.

(5) Tacite, *Germ.* nᵒ 45. — Hérodote, 1. 4, nᵒ 103. — Pomponius Mela, 1. 2, ch. 1ᵉʳ.

(6) *Ibid.* nᵒ 43.

X.

Si, abandonnant les peuples du nord de la Grèce, nous passons au midi, à notre entrée sur la terre africaine nos regards s'arrêtent sur l'Égypte.

Il faut reconnaître que la race chamitique s'est étendue dans toute la partie septentrionale de l'Afrique; mais, outre que le pouvoir n'a peut-être jamais été bien affermi dans ses mains, il est impossible d'affirmer que son sang fût prépondérant dans cette vaste zone.

La nation égyptienne s'était formée de couches de races diverses, tantôt supposées, tantôt juxtaposées. A ces éléments correspondait son organisation civile, politique et religieuse.

Les religions locales étaient souvent antipathiques, et les haines de culte à culte n'étaient comprimées que grâce à un sacerdoce plus philosophe croyant que superstitieux.

Le prêtre égyptien avait ses dogmes secrets révélés aux initiés, et sa politique seule entretenait des pratiques ridicules ou barbares. C'étaient vraisemblablement les derniers débris ou plutôt les derniers hochets de petites nationalités que leur faiblesse avait conduites à l'absorption par la supériorité d'une ou plusieurs autres races. Les rois s'affiliaient à la corporation sacerdotale. L'armée, les commerçants et les travailleurs formaient des classes à part, et chez les deux dernières la femme avait l'autorité dans la direction des affaires extérieures de la famille. Le fils ne devait aucune assistance à ses parents dans le besoin. Cette assistance était due par la fille (1).

XI.

Au-dessus de l'Égypte, un empire, plus mystérieux dans sa formation, son développement et sa vie générale, existait en Éthiopie.

Si à Thèbes et à Memphis on croyait à la survivance de l'âme, tant que le corps n'était pas réduit en poussière, on semble avoir été plus spiritualiste à la cour de Méroë et y avoir admis le principe de l'indestructibilité du sujet pensant. Toutefois, nous ne prétendons pas dire par là que tous les Éthiopiens partageaient cette conviction. Notre sentiment est même tout-à-fait contraire.

Un usage conforme à celui des funérailles royales des Scythes, dont parlent Hérodote (1. 4, nº 72) et Nicolas de Damas (cxxiii, 12), dévouait à une mort volontaire les familiers du roi d'Éthiopie quand il cessait de vivre (2).

Le souverain, choisi par la caste sacerdotale et parmi ses membres,

---

(1) Hérodote, 1. 2, nº 35. — Pomponius Mela, 1. 1er, ch. 9. — Diodore de Sicile, 1. 1er, nº 27.

(2) Diodore, 1. 3, nº 7. — Strabon, 1. 17, ch. 2, nº 3.

recevait une consécration. Il était vénéré et adoré de son vivant comme un Dieu par le peuple, et cependant il était dans l'obligation de s'arracher la vie quand il en recevait l'ordre des prêtres (1).

Ces traits ont quelque chose qui sent tellement l'indo-mongolisme, surtout celui du Thibet, qu'on est amené à dire que la race gouvernante du royaume de Méroë devait être indo-mongole, mais avec des éléments Tchoudes si les chefs des Scythes royaux n'étaient pas, comme il arrivait souvent dans l'antiquité, d'une autre race que leurs sujets. Les idées des gouvernants sur les essences divines dont l'une, cause première et universelle, est immuable, et dont les autres innommées n'ont qu'un temps ou subissent des changements, confirment cette induction.

La religion populaire offrait des oppositions si marquées qu'il eût été difficile de les expliquer par une naturalisation des dieux étrangers (2). Nous ne pouvons les attribuer qu'à des variétés de races. Un phénomène plus significatif encore se remarquait dans la différence des coutumes qui s'observaient à l'égard des morts. Si les cadavres des uns embaumés et renfermés dans une niche en verre étaient conservés dans les maisons, d'autres étaient enfouis près des temples dans des vases ou cercueils en terre cuite, d'autres jetés dans le fleuve, d'autres ne recevaient la sépulture qu'après qu'on en avait fait une espèce de boule en brisant leurs membres à coups de pierres ou de bâtons, d'autres enfin étaient bouillis avec des viandes d'animaux et mangés par leurs parents, comme on le faisait chez les Essedons et les Massagètes, Tchoudes d'origine et chez les indiens Calaties (3).

XII

Des oppositions de mœurs, d'usages et d'idées, dues, nous ne saurions en douter, à des différences profondes d'origine, s'étaient aussi produites dans la Cyrénaïque, dans les Syrtes et dans le reste du nord de la Libye.

Auprès des Machlyes, qui adoraient Minerve et auraient même été, suivant certaines opinions, les instituteurs de ce culte remarquable par le combat sanglant que se livraient les vierges le jour de la fête solennelle de la déesse (4), les Nomades n'immolèrent qu'au soleil et à la

---

(1) Diodore, nᵒˢ 5 et 6.

(2) Strabon, l. 17, ch. 2, nᵒ 3. Les habitants de Méroë notamment honoraient Hercule, Pan, Isis et un certain dieu barbare que Strabon ne nomme pas.

(3) Strabon, l. 16, ch. 4, nᵒ 17, l. 17, ch. 2, nᵒ 3. Pomponius Mela, l. 1ᵉʳ ch. 8. Hérodote, l. 4, nᵒ 176. Diodore, l. 3, 19.

(4) Pomponius Mela, l. 1ᵉʳ, ch. 7.—Hérodote, l. 4, nᵒ 179. — Selon la théogonie d'Hésiode, Minerve était fille de Jupiter et de Métis, et si la Minerve grecque avait les yeux bleus, celle des Machlyes, d'après Strabon et Pausanias, avait au contraire les yeux de couleur glauque.

Le croisement des races est ainsi bien marqué ; car, l'antiquité, quand elle donnait une forme humaine à une divinité, ne manquait jamais de la faire à l'image de ses adorateurs.

lune. Les prémices du sacrifice étaient jetés sur le faîte de leurs maisons. Ils tordaient ensuite le cou à la victime. Ces cérémonies se rapprochaient beaucoup de celles des Scythes (1).

Les Atarantes, au contraire, vivaient dans l'athéisme en maudissant le soleil à son lever et à son coucher comme un astre pernicieux (2).

Les Augiles, les Auschises et les Nasamous ne reconnaissaient d'autres dieux que les mânes. Ils juraient par eux, les consultaient comme des oracles et prenaient pour leurs réponses les songes qui leur venaient en dormant sur les tombeaux (3), ce qui ressemble beaucoup au culte des âmes encore pratiqué et même dominant chez les Lapons où il est accompagné d'un grossier fétichisme, uni à une sorte de panthéisme (4).

Une des races libyennes vivant de brigandage, n'avait aucune notion apparente de justice (5). L'engourdissement du sens moral et religieux dans une partie de la population libyenne a persisté jusqu'à l'arrivée de l'islamisme. Procope le constate (6). Au temps de l'établissement des Vandales en Afrique, la population dont nous parlons n'avait, dit l'auteur, ni crainte de Dieu, ni respect des hommes, ni religion du serment. Une espèce de chamanisme, dont l'exercice était interdit aux hommes, remplaçait toute autre institution religieuse. Aussi le langage, qui est le miroir fidèle où se reflète l'état moral du peuple qui s'en sert, manquait totalement chez eux de mots propres pour exprimer les idées abstraites, celle de l'Être suprême et les choses relatives aux hommages que lui rend la créature, ainsi que l'a démontré l'étude de la langue berbère (7).

Les Augiles et les Nasamous, ces croyants au pouvoir suprême des mânes avaient des femmes d'une fidélité à toute épreuve après les noces, mais la nuit du mariage la mariée appartenait à tous les convives jeunes et vieux avant d'être à son mari et recevait leurs présents (8).

Les Garamantes étaient polygames (9). Au contraire les Troglodytes-Éthiopiens auxquels ils faisaient constamment la guerre, et les Gindanes, autre peuple libyen, peu éloigné des Garamantes, admettaient la communauté des femmes et des enfants (10). Nous devons remarquer que cette dernière coutume était très répandue parmi les peuples d'origine Tchoude, tels que les Agathyrses du Pont-Euxin et les Massagètes de la mer Cas-

_____

(1) Hérodote, l. 4, n° 178.
(2) Pomponius Mela, l. 1er, ch. 8. Hérodote, l. 4, n° 184.
(3) *Ibid.*
(4) Maltebrun, l. 94.
(5) Diodore, l. 3, n° 49.
(6) L. 2, ch. 8. Guerre des Vandales.
(7) Maltebrun, l. 94 et 162.
(8) Pomponius Mela, l. 1er ch. 8. — Hérodote, l. 4. n° 172.
(9) Strabon, l. 17, ch. 3, n° 19.
(10) Strabon, l. 16, ch. 4, n° 17. — Hérodote, l. 4, n° 170.

pienne auxquels il faut joindre certains Hindous méridionaux dont la couleur se rapprochait de celle des Éthiopiens (1). Maltebrun (l. 17) nous apprend, que la promiscuité n'a pas entièrement disparu dans les mœurs de la Russie septentrionale. Quelques peuplades la conservent dans la famille. Les frères n'ont entre eux qu'une seule épouse, qui porte une coëffure indiquant le nombre de ses maris comme chez les Gindanes que nous avons nommés, les femmes se faisaient, au dire d'Hérodote (l. 4, n° 176), un trophée de bandes de peaux attachées à la cheville du pied en quantité égale à leurs amants.

Ces Libyens n'étaient pas les seuls qui ne connussent point le mariage. Il n'existait pas non plus dans les coutumes des Machlyes et des Auséens, habitants des Syrtes. Là, chaque sexe composait en quelque sorte une nation. Les demeures étaient séparées et les enfants élevés par les femmes. Celui auquel un enfant ressemblait passait pour son père (2). Ces accouplements étaient à peu près ceux des Amazones et des Gargarenses, dans l'Albanie asiatique, suivant le récit de Strabon (3). C'était dans le Caucase le résultat d'un traité d'alliance précédé de longues guerres. Les Amazones et les Gargarenses, quand ils s'unirent, ne parlaient pas la même langue (Hér. l. 1er, nos 110 et suivants). Les premières étaient des Scythes-Méotes et les seconds des Scythes-Hippomulgues. Un pacte semblable, motivé par des circonstances analogues, par exemple l'absence de femmes chez une race à laquelle un ennemi les aurait enlevées pendant une excursion ou à la suite d'une défaite des hommes, et chez l'autre, la destruction de tous les mâles dans un combat suivi d'une résistance victorieuse de l'autre sexe, expliquerait cette double nationalité des Machlyes et des Auséens qui nous frappe d'étonnement, mais qui a son indice dans la légende de la déesse des Machlyes.

Au reste, l'esprit d'indépendance et l'instinct guerrier qui caractérisaient les femmes de race méote (4) s'accentuait d'une manière toute particulière sous le ciel brûlant de l'Afrique. Non-seulement les femmes éthiopiennes combattaient comme leurs maris; mais l'entourage fabuleux de l'histoire des amazones lybiennes et de leurs féroces rivales, les hideuses Gorgones, n'en détruit pas la vérité. Il y a eu, sur le sol africain, des associations guerrières de femmes très redoutables, et elles ont gouverné (5). Des récits arabes feraient croire qu'à une époque relativement récente de petites associations de ce genre se voyaient encore dans des parties peu connues de la Lybie.

---

(1) Hérodote, l. 3, n° 101 et l. 4, n° 104. — Strabon, l. 11, ch. 8, nos 2 et 6.

(2) Hérodote, l. 4, n° 190.

(3) Strabon, l. 11, ch. 5, n° 1er et suivants, voir aussi le Pseudo-Bardesane, livre de la loi des contrées.

(4) Pomponius Mela, l. 1er, ch. 19. — Hérodote, l. 4, n° 97. — Nicolas de Damas, fragments 122 et 123, collection Muller.

(5) Diodore de Sicile, l. 3, n° 51 à 56.

XIII.

Malgré tous les éléments barbares que nous avons signalés, la civilisation s'était fait place sur cette terre dès la plus haute antiquité. L'honneur en revient à des fils de Japhet dans les contrées de l'Atlas, selon Hésiode, et à travers les nuages des traditions africaines, nous entrevoyons une race sacerdotale, adonnée à l'étude des astres et en même temps guerrière, triomphant d'abord, surtout par son ascendant moral, de l'ignorance et de la grossièreté, si bien dépeintes par Salluste (1), des Gétules, des Libyes et des autres authocthones ou réputés tels, étendant ses ramifications sur presque tout l'occident et le nord de l'Europe, mais travaillée bientôt par des discordes intestines et se heurtant tout à la fois à la rivalité des hommes de guerre et à la férocité d'un fanatisme sanguinaire.

Débutant par un culte simple, pur de la souillure des passions humaines divinisées, elle aboutit au mythe absurde de la grande mère qui, à tout prendre, est néanmoins un progrès sur l'idée saturnienne (2).

Est-ce à cette semence religieuse et civilisatrice trop tôt comprimée qu'il faut rattacher la prospérité des Hespérides que l'un des plus anciens Hercules frappa de mort à la tête de cette nuée d'aventuriers qu'il avait recrutés sur tous les points de l'Asie centrale? Faut-il aussi y rattacher la civilisation relative du royaume d'Antée, fondateur supposé de Tangis (Tangée), ou y voir un des principes violents et désorganisateurs des progrès moraux des Atlantides? Les sujets d'Antée, race robuste et de haute stature, dont le nom rappelle (par une analogie que nous ne saurions toutefois accepter même comme un indice de quelque valeur) un peuple commerçant et marin d'instinct, avaient une marine tellement puissante qu'elle résista à ses deux premières défaites.

Nous ne rechercherons pas si les Pharrusiens de Strabon, de Pline et de Pomponius Mela (3) sont un reste dégénéré des Hespérides, ou bien soit des Indiens, soit des Arméniens, des Mèdes et des Perses qui n'avaient pu rejoindre leur patrie après la dispersion de l'armée d'Hercule dans sa campagne d'Hispanie, où il reçut la mort dans un combat héroïque dont le succès fut chèrement acheté par les compatriotes de Geryon (4). Mais, sans remonter aussi haut le cours des siècles, et en nous arrêtant à des témoignages vraiment historiques, nous trouvons, au temps d'Hérodote, à l'ouest du lac Triton (aujourd'hui Farooun) la

---

(1) Jugurtha, n° 18.

(2) Diodore, l. 3, n°s 56 et suivants.

(3) Pomponius Mela, liv. 3, ch. 10. — Strabon, l. 2, ch. 5, n° 33 et l. 17, ch. 3, n° 7. — Pline, l. 5, ch. 8 et l. 6, ch. 30.

(4) Salluste, *Jugurtha*, n° 18.

nation des Maxyes, qui nous paraît identiquement la même que les Massyliens de Strabon.

Ils se livraient à l'agriculture, possédaient des demeures et prétendaient à une origine phrygienne. Ils se peignaient le corps avec du vermillon comme leurs voisins, les Gyzantes, qui avaient pour principale industrie la culture des abeilles (1).

Nous ne connaissons historiquement ni la religion ni les mœurs des Maxyes, ni leurs dehors corporels ; mais n'oublions pas que les Phrygiens, dont ils se disaient les descendants, touchaient de bien près aux Celtes de la Thrace, s'ils n'étaient pas une fraction, peut-être un peu altérée par du sang arménien, de la race celtique, et que le silence gardé par les historiens est un témoignage muet en faveur d'une moralité et d'une intelligence que n'atteignaient point ceux des Lybiens dont ils ont enregistré les monstrueuses coutumes (2).

XIV.

Demandons-nous maintenant si ces hommes aux aptitudes de travail, se donnant une origine à part et se distinguant de la bigareure morale de leur entourage par leur vie sociale, sont demeurés étrangers aux guerres de l'Égypte lors de l'invasion des *Hyk-Sôs*, durant leur occupation et dans les siècles qui ont suivi.

Si nous consultions Flavius Joseph dans sa fameuse réponse à Appion, nous verrions des Hébreux et rien que des Hébreux dans les *Hyk-Sôs* ; mais ce sont les monuments de l'Égypte qui vont parler, et ils ont à notre sens un peu plus d'autorité que l'écrivain juif.

On chercherait vainement des monuments contemporains de la période d'asservissement. Occupés à défendre les restes de leur nationalité, les Égyptiens n'avaient pas le loisir d'édifier, et des monuments antérieurs qui auraient pu fournir d'utiles indications, il ne subsiste que des débris d'un très bon style, employés dans les reconstructions auxquelles se livrèrent les Pharaons libérateurs.

Les *Hyk-Sôs* ou *Hik-Schôs* avaient tout détruit.

---

(1) Hérod., l. 4, n° 191.

(2) Quoique les Kabyls ou Kabails d'aujourd'hui parlent un idiome berbère, il est permis de voir également en eux une descendance plus ou moins pure de la race celtique.

Ce peuple n'a pas échappé à Hérodote. Il en parle (l. 4, n° 171) sous le nom de *Cabales*, comme d'une petite nation, vivant au milieu du pays des Auschises, et s'étendant vers Tauchires, ville du territoire de Barcé. Il ne nous donne aucuns détails sur leurs mœurs ; mais si nous rapprochons ce passage de son dénombrement de l'armée de Xerxès (l. 7, n° 77) et de la description de l'Asie dans Strabon (l. 12, ch. 3, n° 20 et ch. 8, n° 3, l. 13, ch. 3, n° 2 et ch. 4, n°s 5 et 6), nous retrouvons en Asie un pays des *Cabaliens* ou *Cabales*, appartenant à la Phrygie, dont les habitants passaient **pour originaires de la Thrace.**

Au contraire, les œuvres de la restauration qui eut lieu après l'expulsion de l'étranger subsistent encore. C'est leur témoignage que nous interrogeons.

Les scènes guerrières sculptées sur les murs des palais de Karnac et de Louqsor, dans les excavations de la Nubie, les bas-reliefs de Thèbes, ceux des trônes de la plupart des souverains de la 18e dynastie et les peintures des hypogées représentent trois nations vaincues par les Pharaons. L'une a tous les caractères de la race nègre ; une autre se distingue par une barbe longue et épaisse, la tête nue ou couverte d'une coëffure très ample vers la nuque et fixée par une bandelette. La troisième est *toujours peinte en rouge, avec des cheveux roux et même des yeux bleus*, comme l'observe Champollion le jeune dans sa première lettre au duc de Blacas (août 1824, p. 55 à 58), où il ajoute en parlant de ces trois peuples : « Ce sont les ennemis constants de la primitive monarchie égyptienne, les derniers surtout, évidemment les
» moins civilisés, puisqu'ils se montrent pour l'ordinaire, les cheveux
» longs et en désordre, vêtus soit d'une peau de bœuf conservant encore son poil, soit d'un simple pagne couvrant le milieu du corps,
» et que leurs bras et leurs jambes sont souvent décorés d'un tatouage
» grossier. J'ai lieu de croire que ces barbares ne sont autres que ces
» fameux pasteurs, ces *Hik-Schos*, qui, à une époque très reculée,
» sortis de l'Asie, envahirent l'Égypte et la dévastèrent jusqu'à ce que
» les princes de la 18e dynastie eussent mis un terme à leurs déprédations en les chassant d'abord de l'Égypte et en repoussant ensuite
» leurs nouvelles invasions. Les monuments égyptiens n'offrent jamais
» ces peuples que dans un état de défaite, de captivité et d'abjection. »
Bien des siècles s'étaient écoulés depuis ces événements au moment où Hérodote écrivait. Les ennemis barbares de l'Égypte avaient dû se civiliser ; mais il reste acquis que la coloration des yeux et celle de la chevelure conviennent à la race celtique, que la couleur rouge qui couvre le corps rappelle l'usage du vermillon et non la teinte naturelle de la peau, que conséquemment les hommes qui ont le plus longtemps lutté contre les Pharaons, et que la vanité et la vengeance égyptiennes se sont plu davantage à humilier, seraient, on peut le dire presque à coup sûr, au nombre de nos ancêtres, qu'enfin il faut reconnaître dans les Maxyes, dont Hérodote a fait mention cinq cents ans avant l'ère chrétienne, des rejetons probables d'un des peuples envahisseurs de la vallée du Nil, de celui que nous croyons celte. Tous ceux qui ont visité le musée égyptien de Paris y ont trouvé pleinement confirmées les remarques de Champollion.

Les hommes aux yeux bleus et aux cheveux roux sont reproduits sur de nombreux sarcophages ; mais souvent la nuance des cheveux a quelque chose de fauve qui s'expliquerait par une altération résultant de l'emploi d'un procédé chimique, par exemple de la lessive de chaux usitée chez les Gaulois.

En ajoutant que les parties de la Lybie, où les Maxyes s'étaient fixés, et certaines parties des pays environnants contiennent de nombreux monuments mégalithiques semblables aux nôtres, nous aurons complété notre démonstration, et nous dirons : Les Celtes ont été en Afrique. Leurs diverses branches y ont eu un plus ou moins grand nombre de leurs enfants. Ils y ont laissé, outre leurs primitives sépultures, outre des souvenirs et des portraits dans les peintures égyptiennes, des traces frappantes dans la race berbère. Ceux qui y sont restés ont fusionné avec d'autres races. A la longue ils se sont déceltisés. Mais tous n'y ont pas pris racine. Beaucoup ont passé le détroit de Gibraltar, soit avec des Mongols, des Tchoudes et peut-être quelques Chamites, soit plutôt en les poussant devant eux. Deux courants celtiques, l'un venant par l'Allemagne et l'autre de l'Afrique, ont fait irruption dans l'occident de l'Europe.

Les passages fréquents des populations du nord-ouest de l'Afrique en Espagne et d'Espagne dans le nord-ouest de l'Afrique, arrêtés ou ralentis vers l'époque des établissements phéniciens, sous le patronage divin d'Hercule, pourraient avoir été représentés mythologiquement par cette unité continentale, que le héros aurait détruite en coupant l'isthme et en creusant le détroit. Nous n'avons dans les écrits qui nous sont parvenus que quelques lueurs indécises sur ces migrations.

XV

Nous avons déjà dit un mot des traditions africaines consignées dans Diodore, qui étendent l'empire des civilisateurs sacerdotaux de l'Atlas sur l'occident et le nord. Un autre écho de ces traditions antiques se rencontre dans le petit poëme de Denis Le Périégète qui, à propos de la piété des Macrobiens d'Ethiopie, les conduit en Espagne après la mort de Geryon. Homère fait aussi, suivant nous, allusion au passage des Ethiopiens ou Libyens en occident (1). Mais si les documents ne sont pas nombreux, ce que nous savons des mœurs de l'ancienne Espagne, de l'Irlande et de l'Angleterre, nous prouvent que les races qui peuplaient l'Ethiopie et le nord de l'Afrique y avaient leurs représentants.

Nous ne saurions attribuer à une autre cause cette promiscuité qui n'excluait même pas les mères, les filles et les sœurs, établie dans certaines familles ou tribus des îles britanniques, et ces hideux repos funèbres dans lesquels les habitants de l'île d'Iern donnaient la sépulture à leurs parents morts en les dévorant (2). Cette origine est encore mieux marquée peut-être dans l'usage de ces bretons d'outre Manche qui, pour

---

(1) Denis Le Périégète, description de la terre, 558 à 561. Homère Odyssée, l. 1er 23, 24 et 25, voir Strabon, l. 1er ch. 2 et l. 2, ch. 3 donnant une interprétation différente du passage d'Homère.

(2) Com. de César, l. 5, n° 14. Strabon, l. 4, ch. 5, n° 4.

la célébration de certains rites sacrés, faisaient paraître leurs femmes et leurs brus dans un état de nudité complète, le corps enduit d'un extrait de pastel, imitant la cour des Ethiopiens (1).

Nous ne dirons rien de plus des Iles britanniques qui ne sont pas l'objet de notre étude. Occupons-nous d'avantage de l'Espagne qui rentre spécialement dans le cadre que nous nous sommes tracés.

Les îles Baléares non-seulement avaient, comme les Troglodites libyens, leurs demeures dans des cavernes naturelles ou creusées de mains d'hommes et des funérailles identiques, mais leurs noces se célébraient de la même façon que celle des Auschises de la Libye. Le mariage commençait dans l'un et l'autre pays par l'adultère et une prostitution formellement autorisés (2).

Les femmes cantabres étaient comme les Égyptiennes les chefs de leurs communautés conjugales. Elles administraient seules les affaires de la famille. Seules elles devaient des aliments à leurs parents. Les maris leur versaient des dots (3).

Suivant l'usage pratiqué en Égypte, les Celtibériens et leurs voisins septentrionaux offraient des sacrifices pendant la nuit de chaque pleine lune devant leurs portes et s'y livraient à des danses avec leurs familles. Les nomades Libyens sacrifiaient au même astre (4). Comme les premiers berbères, qui n'avaient pas même de mots dans leur langue pour exprimer les idées religieuses, les Kallaïkes ou Gallaïkes (Galliciens) n'avaient aucune idée de Dieu ou plutôt ils étaient sans religion 5). Comme les familiers des rois de Méroë, ceux des chefs ibères des deux côtés des Pyrénées se donnaient ou se faisaient donner la mort en apprenant celle du maître (6).

On ne saurait indiquer avec certitude l'ordre des migrations qui avaient versé leurs flots dans la péninsule ibérique.

Nous serions cependant tentés de reconnaître leurs premiers bans dans les Baléarais et les Kallaïkes, appartenant à deux races très distinctes. Les Cantabres (Biscaiens), les Ibériens fusionnés avec les Celtes et les peuples adjacents au nord, offriraient une teinte religieuse de la primitive Égypte, et correspondraient problablement à une migration postérieure. Le goût prononcé des Lusitaniens pour les grands sacrifices et surtout pour les immolations humaines (7), nous semblerait révéler

---

(1) « Simile plantagini glastum in Galliâ vocatur quæ Britannorum conjuges » nurusque toto corpore oblitæ quibusdam in sacris et nudæ incedunt Æthioporum » colorem imitantes » (Pline le Naturaliste, l. 22, ch. 1er

(2) Diodore de Sicile, l. 5, n° 17 et 18.

(3) Strabon, l. 3, ch. 4, n° 16. Diodore, l. 1er n° 27. Hérodote, l. 2, n° 35.

(4) Strabon, l. 3, ch. 4, n° 12. Hérodote, l. 2, n° 47 et l. 4, n° 188.

(5) Strabon, l. 3, ch. 4, n° 16.

(6) Com. de Césart, l. 3, n° 22. Plutarque, vie de Sertorius, n° 16.

(7) Strabon, l. 3, ch. 4, n°s 6 et 7.

une importation phénicienne ou chamitique très ancienne, sur laquelle seraient venus se greffer des rites grecs. On dirait cet élément saturnien qui, dans les traditions concernant les Atlantes, se pose en rival d'une religion pleine de mansuétude, mélange de naturalisme et de spiritualité, et finit par envahir, avec ses pratiques d'une barbare fourberie, la Libye, la Sicile, l'Italie et tous les pays occidentaux (1).

Les Ibériens fusionnés ou Celtibériens étaient des Celtes unis aux Ibères. Ils s'étaient fait une longue guerre avant cette union (2). Ce point n'est pas discutable, mais je ne puis admettre que les Celtes qui ont fondé avec les Ibères la nation celtibérienne, fussent venus de la Gaule. Selon moi, ils venaient de la Libye comme les Ibères, et ils ont été précédés en Espagne par ces derniers. Ce n'est pas seulement une communauté de culte avec la Libye, c'est en même temps leur position topographique par rapport aux Celtes de la Gaule qui me frappent.

Leurs célébrations mystérieuses à chaque pleine lune n'ont pas eu leur analogue dans la Gaule. Si les Gaulois avaient pratiqué les mêmes rites, les historiens en auraient parlé, et ce spectacle n'eût pas été pour les soldats romains un sujet de stupéfaction en Espagne. Quant à la position qu'occupaient les Celtibériens, on se l'explique très bien par le passage successif des deux peuples d'Afrique en Espagne. Leur guerre puis leur alliance s'arrêtent au pied des Pyrénées. Mais comment comprendre que les Celtes de la Gaule auraient pénétré en Espagne en laissant debout la nationalité des Ibères-Aquitains sans se l'assimiler, qu'ils eussent laissé couper ainsi la leur en deux tronçons par un très petit peuple ?

Je sais qu'en professant cette opinion je m'isole, mais pour moi l'évidence existe et je ne fais que m'y ranger.

Une difficulté plus sérieuse se rencontre quand on cherche à déterminer l'origine et l'époque de l'arrivée en Espagne des Turdetans et des Turdules dont Cordoue, Gades, Hispalis étaient les principales villes. On pensait qu'ils avaient d'abord formé deux nationalités. Au temps de Strabon ce n'était plus qu'un seul peuple. Ils avaient des prétentions à une haute antiquité, se vantaient de posséder des archives, des poésies et d'autres œuvres d'intelligence remontant à des milliers d'années, et montraient une aptitude remarquable pour les lettres, les sciences, les arts et l'industrie (3).

Cependant, ou il faut faire remonter l'entrée en Espagne des Ibères, des Celtes devenus Ibériens, dès Cantabres et des Lusitaniens à une époque qui effraie l'imagination et qui contredit les données historiques, ou il faut reconnaître que, si les Turdetans et les Tardules étaient très

____

(1) Diodore, l. 3, nᵒˢ 60 et 61.
(2) Diodore, l. 5, nᵒ 33.
(3) Strabon, l. 3, ch. 1ᵉʳ, nᵒ 6. — Pomponius Mela, l. 2, ch. 6 et l. 3, ch. 1ᵉʳ. Polybe, l. 34, nᵒ 9.

anciens, ce n'est pas en Espagne. Leur occupation du pays barrait, en effet, la route à toute migration arrivant après eux par le détroit de Gibraltar. Il semble, d'après les alliances existantes entre eux et ceux des Celtes qui les séparaient des Lusitaniens, que les deux races n'étaient pas étrangères l'une à l'autre, mais des colonies phéniciennes s'étaient établies dans leur pays. Les moyens qu'ils employaient pour extraire et traiter les minerais étaient ceux de l'Égypte (1). Leur civilisation serait exotique suivant nos appréciations et leur origine celto-libyenne.

XVI.

Les Ligures, suivant certains récits, auraient occupé très anciennement le nord-ouest de l'Europe. Ils en auraient été chassés par les Celtes (2). On assure aussi qu'ils avaient occupé l'Espagne jusqu'à l'Èbre et même jusqu'à l'Uxar avant les Ibériens (3). Au temps où les historiens en ont parlé, leurs possessions étaient restreintes à une partie du littoral de la Méditerranée, dans la Gaule et en Italie.

Ils avaient une taille inférieure à celle des Gaulois, mais plus de ténacité, d'énergie et de vigueur. Les grecs les appelaient anciennement *ligiens* et plus tard *celto-ligiens* (4).

Un renseignement précieux sur l'origine des Ligures se rencontre dans les troyennes d'Euripide (5). Circé, selon le poëte qui paraît avoir été l'écho d'une tradition, était ligurienne. Or, l'histoire nous apprend que Circé était fille d'Aétès, roi de Colchide et frère de Persès, auquel la Tauride, leur pays natal, était échu en partage.

Elle avait été donnée en mariage au roi des Sarmates, nation scythique, et son époux devint l'objet d'une expérience de ses poisons. Acceptée d'abord comme reine après la mort de sa victime, elle aurait été réduite plus tard à venir en Italie ou vers les côtes de l'Océan chercher un refuge contre la haine de ses sujets (6).

Strabon (l. 4, ch. 6, n° 6) donne un appui à cette origine, lorsqu'il range les Taures ou Tauriniens des Alpes au nombre des peuples liguriens. C'était vraisemblablement du sang iranien et du sang ouralien mêlés dans la Tauride et la Colchide.

Le mariage de Circé, le nom de son oncle et la nationalité de son mari signalent une union de ces deux grandes races. Les métis que nous nommons Liguriens étaient, pensons-nous, voisins de la race ibère, mais plus Celtes que celle-ci.

---

(1) L. 3, ch. 3, n° 5.

(2) Strabon, l. 3, ch. 2, n°ˢ 9 et 13.

(3) Festus avienus oræ maritimæ, v. 129 à 136.

(4) Fragments d'Eratosthène et de Thucydide, copiés par Étienne de Byzance.

(5) Vers 437 et 438.

(6) Diodore, l. 5, n° 39. — Strabon, l. 4, ch. 6, n° 3 et l. 7, ch. 3, n° 2.

Leur ancien nom de *Ligiens* est donné, comme nous l'avons vu, par Tacite, à des peuples riverains de la Vistule, nommés *Luii* par Strabon, *Luti* et *Longi* par Ptolémée. Strabon ne les distingue pas des Germains. Tacite, au contraire, ne les confond point avec ces derniers. De son temps, les pays d'outre-Rhin étaient mieux connus.

Les Ligures, à l'époque de Strabon, habitaient principalement le pays situé entre Marseille et Gênes. Ils s'étendaient jusqu'à la Durance. C'était la Ligurie proprement dite, parsemée de quelques colonies grecques telles qu'Antibes et Fréjus. Mais les Ligures, plus ou moins séparés les uns des autres, étaient aussi ailleurs. On en trouvait depuis l'Espagne et l'Aquitaine jusqu'au Rhône, tantôt seuls, tantôt mêlés aux Ibères (1).

XVII.

Enveloppés par les Volkes et les Tectosages, deux petits peuples résidaient à peu de distance des Pyrénées. Nous voulons parler des Bebrikes et des Elezykes qui s'étaient fondus en une seule nationalité et dont Narbonne était la place de commerce. Les premiers habitaient les hauteurs et les seconds sur le littoral (2). Un peuple du nom de Bebrikes, sorti de la Thrace, avait occupé la Mysie avant les Thyniens et les Bithyniens. On le rangeait parmi les Phrygiens (3).

Les Bebrykes de la Gaule devaient être une émigration de leurs homonymes de la Thrace. Le nom d'Elezykes n'a été signalé en aucun autre lieu; mais il est présumable qu'il y avait entre les Bebrikes et les Elezykes gaulois communauté d'origine, et la différence de dénomination servait peut-être uniquement à distinguer les montagnards de ceux qui avaient pris position sur les bords de la mer.

Ce groupe, quelque peu nombreux qu'il fût, était voué à la fois au commerce et à la guerre. Il avait fourni son contingent de soldats alliés et mercenaires aux généraux carthaginois dans leurs guerres contre les Romains.

XVIII.

Un peuple plus considérable, les *Volces* ou *Ouolkes*, qui avait anciennement la réputation d'un caractère plus farouche et non moins guerrier (4), entourait, comme nous venons de le dire, les Bebrikes. Toulouse, Nîmes et Arles faisaient partie de ses possessions. Les Volces se subdivisaient en *Tectosages* et *Arecomisiens*. Nous ne savons pas exactement l'origine de ce dernier mot. Nous ne savons pas non plus

---

(1) Voir Periple de Scylax, nᵒˢ 2, 3 et 4.

(2) Scymius de Chio, vers 198 à 466. — Silius Italicus, l. 3, vers 417 à 493. — Tzetzés, vers 585-589.

(3) Strabon, l. 7, ch. 3, nᵒ 2, ch. 3, nᵒ 3; l. 14, ch. 15, nᵒ 22.

(4) Silius Italicus, vers 442 à 446.

l'origine du nom des *Tectosages* ; mais il n'est pas douteux pour nous que, si les *Arecomisiens* étaient des *Volces* sans aucun mélange, il n'en était pas de même de la subdivision des *Volces-Tectosages*. Il y avait là deux couches de races différentes, car il y avait deux religions.

Les *Volces* avaient le culte de la nature, s'adressant particulièrement aux eaux et aux prés. Ce culte naïf se traduisait par l'offrande de toutes leurs valeurs métalliques. Les lacs et les étangs les recevaient et les conservaient dans leurs ondes, sans que la cupidité tentât jamais la foi de ces hommes simples et grossiers. Le dépôt lacustre de ces richesses a été respecté jusqu'au moment où l'avarice et l'esprit fort des conquérants romains, cachés sous le costume augural, sont venus déposséder des dieux auxquels plusieurs de leurs ancêtres avaient aussi rendu hommage dans des siècles oubliés (1).

Quant aux *Tectosages*, ce n'est pas à Toulouse ou sur le versant méridional des Cévennes qu'ils occupaient, que nous irons interroger leur passé religieux. Là, on ne le voit pas se détachant sur l'élément *Volce*. Il semble s'y être absorbé par la puissante influence du nombre. Il n'a survécu que dans la Galatie asiatique, où la nationalité *Tectosage* a gardé son nom et son originalité, parce que la partie la plus vitale de ce peuple s'y était réfugiée. Leur religion était le culte mythique de la *grande mère*, qui nous paraît manifestement conçu en Afrique, dans son idée fondamentale. Ceci nous induit à conclure que les *Tectosages* étaient des *Celto-Lybiens* de la dégénérescence atlantide.

Seulement, il est vrai de dire qu'à Pessinonte ce culte religieux empruntait un reflet du génie du nord à la fiction emblématique du sanglier, sans que l'on puisse reconnaître à quel moment les deux mythes se sont combinés chez les Galates.

La grande mère, qu'il ne faut confondre ni avec Rhéa, ni même avec Cybèle malgré certaines analogies, n'était pas inconnue des Phrygiens ; mais les observances, les rites, la désignation sacramentelle de la déesse (Agdistis), la pierre noire qui la représentait et sa légende, appartenaient exclusivement à la ville galate. Cette singulière institution ne s'y est naturalisée qu'après l'occupation des *Tectosages* et de leurs congénères, les *Tolisboges* et les *Trokmes*, qui devaient, dit-on, leurs appellations particulières à deux de leurs chefs. Le sacerdoce d'Agdistis devint sans effort le privilége d'une race que la légende elle-même consacrait, et qui le conserva jusqu'à l'heure où la politique romaine lui arracha le signe vénéré (2).

Il est impossible de ne pas remarquer la ressemblance du nom de *Volces* (Ouolkes) avec celui d'une population ombrienne. Comme il est

---

(1) Possidonius, suivant Strabon, l. 4, ch. 2, n° 13.

(2) Comparez Strabon, l. 12, ch. 5, l. 4, ch. 1er, n° 13 ; — Pausanias, *Description de la Grèce*, l. 7, ch. 17 ; — Tacite, *Germ.*, n° 45 ; — Diodore, l. 3, n° 57 ; — Pline.

admis par l'histoire que les Ombriens étaient sortis de la Gaule, on doit logiquement s'arrêter à l'opinion que ce sont deux tronçons du même peuple qui ont combattu les Romains à deux époques différentes, en Italie, au temps des premiers succès de la reine du Tibre, et dans la Gaule, quand ils touchaient à leur apogée.

XIX.

A l'occident des Volces, entre les Pyrénées, la Garonne et l'Océan, se trouvait l'Aquitaine, composée de plus de vingt petits peuples sans grande notoriété. Les *Ausciens*, dont le nom en langue grecque est identique à celui des *Auschises* Lybiens, tenaient le premier rang parmi eux. Auch et Tarbes étaient les deux villes les plus connues du pays. La plupart des populations se pressaient sur la côte.

Bordeaux n'appartenait pas à l'Aquitaine. Cette ville dépendait du territoire des *Bituriges-Oisciens*, nation réputée tout-à-fait étrangère aux Aquitains et qu'il ne faut pas confondre non plus avec les Bituriges-Cubiens (habitants du Berry). Ces Bituriges-Oisciens occupaient les deux rives de la Garonne depuis Bordeaux jusqu'à l'embouchure du fleuve (1).

Nous n'avons pas sur les Aquitains toutes les données historiques que nous eussions désirées; mais nous savons que, sous le rapport physique et sous le rapport du langage, ils différaient des Gaulois.

Ils ressemblaient aux habitants de l'Espagne, c'est-à-dire aux Ibères, et parlaient une langue analogue.

Aucun auteur ne nous a dépeint la constitution physique des Ibères de l'Espagne. Mais ceux de l'Asie passaient pour un essaim sorti de la ruche occidentale, comme ceux de l'Occident étaient réputés, dès le temps d'Homère, avoir habité l'Éthiopie avant de couvrir les rivages de l'Occident. Or, l'Ibérie asiatique renfermait des hommes dont les habitudes, les mœurs et le caractère offraient des nuances différentielles très prononcées. Les montagnards avaient une humeur très belliqueuse. Ils vivaient comme les Scythes et les Sarmates, et leur cognation avec ces deux peuples n'était un doute pour personne. Les habitants des plaines, amis de la paix, se livraient avec ardeur à l'agriculture. Leur manière de vivre et leur civilisation étaient mèdes et arméniennes. Quatre classes ou plutôt quatre races existaient parmi les Ibères de la plaine : celle des chefs, d'où se tiraient les rois et les commandants militaires; celle des prêtres; celle des soldats et des agriculteurs, et enfin

---

(1) Pomponius Mela, l. 3, ch. 2. — Strabon, l. 4, ch. 3, n° 2. — Pline, l. 4, ch. 19. Le nom générique primitif de la race ibère paraît avoir été *Ausk*, d'où *Auch*, capitale des Auschiens, serait dérivé. Malgré l'opinion accréditée que les Bituriges-Oisciens n'avaient pas de sang aquitain, je soupçonne grandement que c'étaient d'anciens Ausk vaincus et dominés par une nationalité celtique.

la plèbe placée sous le servage du roi et lui rendant tous les services nécessaires (1).

La trace de la nationalité primitive des Ibères de l'Asie se retrouvait dans leurs usages. Ils n'avaient pas toutefois, quant à la propriété, un communisme aussi dur que celui des Vacéens de l'Espagne. Le cultivateur n'avait pas à apporter aux chefs de la nation tous les produits de son travail pour qu'il en fît le partage. La communauté était réduite à la famille dont le gouvernement appartenait au plus âgé (2).

La masse des Ibères orientaux avait, comme on voit, du sang scythe et sarmate. Les chefs et la caste sacerdotale étaient seuls de race différente. Nous avons lieu de croire que les premiers étaient Ariens, et les prêtres Arméniens, c'est-à-dire une fusion probable des races sémitique et arienne. Mais, comme nous recherchons uniquement ici à déterminer la race des Ibères occidentaux, qui ne paraissent pas avoir eu des chefs et des prêtres d'une origine différente du peuple, nous n'hésitons pas à dire qu'ils étaient Mongols ou Finnois.

XX.

Au nord des Volces, les anciens géographes plaçaient les *Ruthènes*. Leur circonscription correspondait au Rouergue, dont la capitale est Rodez. Un peuple de la Galicie autrichienne et russe a un nom identique, qui semble révéler une communauté d'origine entre les Ruthènes de la Gaule et les Slovaques d'outre-Rhin.

En quittant le pays des Ruthènes, on entrait dans celui des *Arvernes* (Auvergnats), dont la population montagnarde a présentement des traits de ressemblance avec les Ligures. Ils prétendaient à une descendance troyenne ou phrygienne (3). Au sud-est, leur territoire confinait aux *Gabales* (Gévaudan), dont le nom n'est pas sans une analogie très marquée avec celui des *Cabales* ou *Kabales*, l'un des peuples de la Phrygie et l'un de ceux de l'Afrique (76). Ils touchaient du côté du nord-ouest aux *Lemoviciens* (Limousins). Ceux-ci avaient près de la Baltique leurs homonymes dans les *Lemoviens* de Tacite (4), avec lesquels une présomption très sérieuse leur assigne des liens de fraternité. Au nord-est, les Arvernes avaient d'autres voisins, les *Æduens* (la Côte-d'Or, la Nièvre, Saône-et-Loire et Rhône), leurs rivaux pour la suprématie dans l'étendue de la Celtique. Les Carnutes (pays chartain et orléanais) répondaient à un nom bien approchant de celui de *Carnes*, qui

---

(1) Strabon, l. 1er, ch. 2, n° 26, ch. 3, n° 21 ; l. 4, ch. 2 ; l. 11, ch. 3.

(2) Strabon, l. 11, ch. 3, n° 6. — Diodore, l. 5, n° 34.

(3) Lucain-Pharsale, l. 1er, vers 427.

(4) La substitution du *g* au *k*, si fréquente dans les langues anciennes, est trop connue pour que nous ayons à insister sur ce point.

(5) Germains, n° 43.

habitaient la partie des Alpes la plus près de l'Adriatique. Les uns et les autres sont souvent nommés dans les anciens auteurs, et nous savons que la plupart des peuples gaulois ont versé leur trop plein en Italie.

En descendant la Loire, on arrivait chez les *Andes*, *Antes* ou *Andigaves* (Anjou). Leur nom qui, suivant la remarque déjà faite, est l'un de ceux généralement donné à la race esclavone, les signale suffisamment comme *Slaves* venus dans la Gaule avec les Celtes. Auprès d'eux étaient les Pictons (Poitevins), nom trop analogue à celui des Pictes de la Calédonie pour qu'il n'éveille pas le soupçon d'une consanguinité (1).

XXI.

Au-dessous des *Andes* étaient les *Nannètes* ou Namnètes (Nantais) dont nous ignorons absolument l'extraction. Nous ne sommes pas beaucoup mieux fixé sur leurs limites.

Corbilon (Couëron) que quelques-uns ont considéré comme leur port principal aurait été, selon d'autres, le point important du commerce maritime d'une nationalité à part dont le siége est controversé, et que César, dans ses commentaires, appelle *Lemoviciens armoricains* (2). Au nord de la Loire, les Nannètes ne s'étendaient pas loin ; car, un autre peuple, les *Samnites* (arrondissement de Savenay), les séparait des Venètes, s'il n'était pas, comme tout porte à le croire, annexé à ceux-ci.

Certaines opinions font de nos Samnites gaulois des enfants des Samnites de l'Italie, expatriés pour l'accomplissement d'un vœu. Nous admettons qu'ils ont dû être originairement réunis. A nos yeux les *Samnites* de l'Ombrie étaient Celtes comme les *Volsques*, mais si l'Italie a reçu dans son sein des populations de la Gaule, on ne voit pas qu'il y ait eu réciprocité. Nous supposons plus volontiers que les deux groupes Samnites sont sortis de la Thrace et que, si la séparation s'est faite ailleurs, c'est dans la Gaule et non au delà des Alpes (3).

(1) Je considère comme invraisemblable que les mots *Pictes*, *Pictons* soient des dérivés du latin Pictus (peint). Si les Pictes de l'Écosse se peignaient le corps, cette coutume leur était commune avec d'autres. J'admettrais plus volontiers comme étymologie la racine *Pik*, qui en gaël d'Écosse, en celtique de Galles et en langue bretonne signifie *arme perçante* et en sanscrit *broyer*.

(2) Guerre des Gaules, l. 7, n° 75. — Les Lemoviciens armoricains ne devaient pas être là. Il ne paraît pas que César ait compris la rive droite de la Loire dans l'Armorique.

(3) La distinction que j'ai faite entre les anciens habitants de l'arrondissement de Savenay et les Nannètes a soulevé des objections parmi mes collègues.

Je comprends qu'il en devait être ainsi. Une opinion contraire aux idées reçues ne se produit pas sans rencontrer d'abord de nombreux contradicteurs.

Depuis des siècles, Savenay appartient au pays nantais. Il était naturel de ne pas supposer que sa population eût été distincte à l'origine. Il ne faudrait cependant pas croire que la juridiction spirituelle des évêques de Nantes qui a toute seule, je le présume, déterminé l'assimilation, se soit étendue sans difficulté sur la circonscription de Savenay. Une lutte a existé à ce sujet entre les évêchés de Nantes et de Vannes.

Le commerce de la mer offrait la source la plus abondante de prospérité aux *Venètes*, peuple Slave celtisant, reconnu pour chef des cités armoricaines. Outre le Morbihan et une partie du Finistère, les Venètes tenaient les îles du golfe vénétique depuis la Garonne jusqu'au cap Cabée (pointe du Raz) et la plupart des îles de la Manche (1).

Mais la question n'est pas là, puisqu'il s'agit dans notre travail de l'état de choses antérieur à l'établissement du christianisme et à la formation du duché de Bretagne. Eh bien ! pour savoir à quoi nous en tenir, il n'y a qu'une manière logique de procéder : consulter les témoignages contemporains de l'époque à laquelle nous nous reportons. Ce qu'on a pu penser depuis et ce qu'on en pense aujourd'hui est sans valeur, si les sources historiques y contredisent.

Le récit de la guerre des Gaules dans les commentaires de César parle des Nannètes et des Venètes sans qu'on puisse y distinguer leurs limites. Les Nannètes avaient fait alliance avec leurs voisins pour résister à César, mais ils semblent n'avoir pas agi. La descente de la Loire par la flotte romaine construite dans l'Anjou ne fut point inquiétée, ce qui serait bien difficile à expliquer si les Nannètes avaient occupé les deux rives de la Loire.

Si, au contraire, le *Samnium armoricain* n'était pas dans leurs dépendances, la flotte pouvait passer sans combat de leur part en rangeant la rive gauche. On conçoit aussi très bien dans ce cas que César et ses lieutenants eussent pu arriver par terre chez les Venètes avant la construction de leurs barques d'abordage, sans s'ouvrir un passage à travers la population nantaise en venant de l'Anjou. Mais je vais plus loin et, en reconnaissant entre la Vilaine et la Loire, un peuple distinct des *Nannètes* et des *Venètes*, je reste convaincu que ceux-ci se l'étaient annexé sans en effacer le nom national qui n'a pas été connu de César. C'est là surtout que l'armée romaine a dû rencontrer ces obstacles de terrain qui existeraient encore aujourd'hui, si des desséchements et endiguements n'en avaient pas changé l'aspect.

Les changements que la configuration du Morbihan a dû subir depuis dix-neuf siècles ne suffiraient pas seuls à rendre compte de la description du pays par le général des vainqueurs et après lui par Dion Cassius, s'ils n'y avaient pas compris l'espace dont nous parlons.

Pline (l. 4, ch. 18) se prête admirablement à cette interprétation. Il place les Osismiens, les Venètes et la Loire dans la péninsule armoricaine. Il dit que les *Nannètes* sont au-delà. Donc ces derniers n'avaient rien entre Loire et Vilaine et les possessions des Venètes allaient jusqu'à la Loire.

Strabon ne mentionne même pas les *Nannètes* qui étaient probablement un très petit peuple, mais à l'occasion du culte de Bacchus, il parle des femmes desservant le temple et l'île qui lui étaient consacrés comme de nationalité *Samnite*.

Ptolemée (l. 2, ch. 8) distingue formellement les *Samnites* des *Nannètes*. Il en est de même de Marcien d'Héraclée (l. 2, n° 21) et de Denis le Périégète. Cette distinction existe aussi dans la carte théodosienne.

On dit qu'il y a dans tout cela une première erreur qu'on attribue à une faute de copiste dans les manuscrits de Strabon.

Le champ des suppositions est vaste ; mais si un *lapsus calami* d'un simple copiste avait tourné à ce point la tête à tous les successeurs de Strabon qui apparemment n'étaient pas tous des copistes, et même à l'homme qui a levé la carte théodosienne, il ne faudrait plus ajouter foi à rien en fait d'histoire.

J'ai partagé jusqu'ici les idées que je combats. Je les partagerais encore si je ne m'étais pas livré à une étude spéciale dont je crois le résultat vrai.

Au surplus, la controverse historique est toujours utile, et je renoncerai volontiers à mon sentiment si une réfutation basée sur des données plus certaines est apportée au débat.

(1) Ptolomée, l. 2, ch. 8. — Com. de César l. 3, n°s 8 et suivants. — Strabon l. 4, ch. 4, n° 1er. — Denis le Périégète, vers 570 à 580. — Pline l. 4, ch. 17 et 18.

La Grande-Bretagne avait reçu leurs colonies. Ils confinaient aux Osismiens dont le nom a une analogie très marquée avec les *Oses* de Tacite, qui avaient les mêmes institutions et le même langage que les Aravisques, nation pannonienne. Le rapport de nom avec les *Ossiliens*, *Oses* ou *Owsni* du Caucase, transportés par les Khazar de la Médie où ils s'appelaient *Ouxi* est plus saillant encore. Nous renvoyons à ce que nous avons dit de cette nation.

Pour nous l'origine probable des *Osismiens* se rattache à la branche médique de ces *Ouxi*. Nous en tirons la preuve des anciens noms grecs de l'île d'*Ouessan*, située en face de leur territoire : *Ouxisame* et *Ouxantis*. Le premier de ces noms signifierait une île escarpée peuplée par les *Ouxi* et le second témoignerait d'une population mélangée d'*Ouxi* et d'*Antes* qui ne devaient pas être autres que les *Venètes* possesseurs de tous les ports de cette côte. On se souvient que *Venètes* et *Antes* désignaient indifféremment la même race. Nous croyons l'avoir établi d'une manière trop péremptoire pour qu'il soit besoin de revenir sur ce point.

Si nos appréciations sont exactes, la Cornouaille armoricaine n'aurait été ni aux Galles, ni aux Kymris. Les Aryens purs formeraient la masse de ses habitants.

L'étendue du pays des Osismiens n'a rien de bien déterminé dans l'histoire. Nous avons mentionné en passant les *Lemoviciens* d'Armorique qui, d'après César, avaient fourni, conjointement avec les Venètes, leur contingent à la cause de l'indépendance gauloise dirigée par Vercingétorix. Ceux qui contestent qu'ils aient pu être à Couëron et dans les lieux adjacents, les placent dans le Léonais. Nous ne sommes pas à même de décider la question.

Nous nous contenterons d'observer que le pays des Osismiens comprenait, indépendamment de la Cornouaille proprement dite, tout ce qui a composé depuis l'évêché de Léon et celui de Tréguier. Nous ne reconnaisons pas l'homogénéité de ses populations.

Le type physique semble différent à Tréguier. Mais nous ne nous engagerons point dans une discussion anthropologique qui n'est pas tout à fait de notre sujet, et qui sort absolument des bornes de notre compétence. C'est sur la différence des coutumes que s'est portée notre attention. Nous y voyons une révélation historique, applicable à la Bretagne tout entière.

Le servage de la glèbe persistant jusqu'à la fin du quinzième siècle dans la seigneurie de Lesneven, et jusqu'à la révolution dans le Léonais et la presqu'île de Crozon, lorsque l'agriculture respirait partout ailleurs l'air de la liberté dans la province de Bretagne, est un phénomène moral, dont on se rend compte dans une certaine mesure en l'attribuant aux habitudes contractées pendant l'occupation romaine très dure dans cette contrée. Cette explication est celle que nous avons adoptée dans notre mémoire sur les origines du domaine congéable. Mais cette longue durée du servage dans les lieux indiqués ne tiendrait-elle pas en même temps à une sorte de condition originelle de la race agricole qui l'a subi ?

Le droit de juveigneurie, commun aux usements de Rohan et de Quevaize, offre le même cachet à notre sens. Il est le signalement indélébile d'une autre race relativement nombreuse parmi les Venètes ; moins nombreuse, mais ayant ses ramifications en Cornouaille et en Tréguier. Nous ne prétendons pas déterminer scientifiquement cette dernière race ou tribu.

Disons seulement que ce droit coutumier serait, à en juger par les documents que nous possédons, d'extraction septentrionale, et qu'il n'aurait jamais été celui d'aucun grand peuple. Il est encore connu chez quelques peuplades tartares. En Europe il n'existe plus. Autrefois la coutume du comté de Kent, celle de Corbie (département de la Somme) et celle de Rive l'avaient enregistré.

Nous ne passons pas en revue les populations riveraines de la Manche qui s'échelonnaient à la suite des Osismiens. Leurs origines spéciales ne s'accusent par aucun trait remarquable. La même cause nous a empêché de parler des Santons (pays de Saintes), bien que, pour ces derniers, les présomptions ne fassent peut-être pas complètement défaut.

XXII.

Les Parisiens, auxquels nous eussions dû faire l'honneur de la première place dans notre recensement rapide et incomplet des peuples de la Gaule, portent le nom primitif d'une rivière sur les bords de laquelle des Celtes, entre autres des Taurisques et des Boiens, s'étaient cantonnés.

Les Daces les en avaient chassés. Nous voulons parler du *Parisios* (la Theiss), l'un des affluents du Danube (1).

Au temps de César, les Boiens, soldats d'une grande valeur, furent autorisés par le vainqueur romain à s'établir dans le Bourbonnais (2). C'était un retour après des siècles d'absence de ce peuple dans la Celtique qu'il avait habitée avant de se fixer en Italie sur les bords du Pô. De concert avec les Insubriens et les Senonais, gaulois comme lui, il s'était emparé de Rome. Les Romains en ayant triomphé après des guerres fréquentes, le chassèrent de l'Italie. Les Boiens se rendirent sur le Danube auprès des Taurisques. Il y rencontrèrent de nouveaux et redoutables ennemis dans les Daces (3). Ce sont probablement les glorieux débris de ces rudes combattants qui avaient obtenu de César un asile dans la Gaule.

Les Senones ou Sénonais, que nous venons de nommer, venaient égale-

---

(1) Strabon, l. 7, ch. 5, nᵒˢ 1 et 2.
(2) Com. Guerre des Gaules, l. 1ᵉʳ, nᵒˢ 25, 28 et 29.
(3) Strabon, l. 5, ch. 1ᵉʳ, nᵒˢ 6 et 10.

ment de la Gaule et y avaient laissé une partie de leur nation dans l'Agenois. Ce sont les fondateurs de Milan, où la vengeance romaine leur fit trouver un tombeau (1). Les *Semnones* de la Germanie, le plus ancien et le plus renommé des peuples Suèves, avait, avec les Sénonais, au moins des affinités.

Les Allobroges ou Allobriges, que l'on nommait aussi Antobriges et dont la capitale était Vienne, en Dauphiné, avaient autrefois une puissance guerrière qui s'était signalée par de grandes entreprises (2). Ils vivaient sur les bords du Rhône et de l'Isère, et semblaient se rattacher aux Briges de l'Asie qui étaient, comme nous l'avons vu, originaires de la Thrace.

Les Séquaniens (Doubs et Jura), compétiteurs des Éduens et des Arvernes, pouvaient bien être plus Germains que Celtes. Ils étaient ordinairement appuyés dans leurs guerres par les populations germaniques. Celles-ci à leur tour les avaient eus pour auxiliaires dans une irruption en Italie. En dehors de la Celtique, mais toujours dans la Gaule se trouvait l'Helvétie dont le nom rappelle trop une population d'outre Rhin engagée dans une des expéditions des Cimbres pour ne pas y reconnaître le même peuple (3).

Il nous reste à parler des habitants de la Belgique qui commençait à la Marne.

Leur dialecte, d'après saint Jérome, était parlé par les Galates de l'Asie. Le nom attribué à un des principaux chefs de la migration dont les Galates sont sortis (Bolge), était le leur. L'appellation d'une des tétrarchies galates (les Tolisboges) rappelle à la fois ce chef, et peut-être *Tolosa* au pays des *Volkes-Tectosages.*

Il y a donc eu des Belges non-seulement au nord, mais au midi de la Gaule, et si rien n'indique que les Tectosages restés à Toulouse ont continué à parler le belge, la disparution de cette langue serait due à une absorption des Tectosages par la nationalité *Volce.*

XXIII.

Les restes des habitations lacustres de la Savoie et de la Suisse rappellent les maisons sur pieux établies dans le lac Prasias, qu'occupaient les Pæoniens au temps d'Hérodote (4) et, même encore de nos jours, la construction sur le Don ou Tanaïs de Tcherkask, capitale des cosaques. Il n'est pas certain que ces débris remontent à une très haute antiquité. Les ustensiles et les têtes de flèches en pierres que la drague, passant au milieu des pilotis a ramenés, peuvent appartenir

---

(1) Strabon, l. 5, ch. 1er, nos 6 et 7.
(2) Strabon, l. 4, ch. 1er.
(3) Strabon, l. 7, ch. 2, no 2. — Tacite, h. 1, 67.
(4) Hérodote, l. 5, no 16.

à une époque relativement rapprochée de nous. Les Huns, qui avaient envahi l'Europe au moyen-âge, n'avaient pas encore perdu l'usage de la pierre. Ils en armaient leurs flèches, d'après le témoignage de Jornandès et d'Ammien.

Les os de renne, que l'on trouve avec ces ustensiles dans les lacs de la Suisse et de la Savoie, ne sont pas non plus une preuve concluante d'une très haute antiquité ; car, si le Renne (cervus taurandus) réfugié aujourd'hui vers le pôle nord, existait encore dans la forêt Hercynienne (la forêt Noire), à l'époque où vécut César, comme on est autorisé à le croire à la lecture du nᵒ 26, 1. 6 des Commentaires, il est vraisemblable que la disparution de cet animal des contrées voisines était alors assez récente.

Les aperçus que nous venons de donner en parcourant la Gaule, ceux qui ont passé sous notre plume en recherchant hors de son territoire, au nord et au midi, les éléments primordiaux des Celtes, démontrent à quel point son unité était complexe. Encore ne l'avons nous que très imparfaitement décomposée. On s'égarerait infailliblement en voulant pressentir tous les alliages et toutes les fusions.

Contentons-nous de remarquer que les noms d'un grand nombre de lieux de l'Espagne et des Gaules sont identiques, et qu'avec ces rapports de noms coïncident souvent des analogies dans le physique des habitants. Les choses religieuses dont j'ai à parler maintenant, mettront en relief les derniers indices que j'ai pu saisir.

XXIV.

On ne connait guère les religions de la Gaule que sous la figure des Druides, et cette grande figure elle-même est mal connue.

Le druidisme a été la religion nationale de la Celtique gauloise, mais non son culte primitif. Il est venu tard, et s'il ne procède point des religions antérieures des Gaulois, il avait à compter avec elles : il leur a fait de nombreux emprunts ou plutôt il a respecté leurs formes les plus antiques et accepté, en les modifiant, leurs superstitions.

Il devient donc nécessaire, pour comprendre le druidisme, d'exposer l'état religieux de la Gaule antérieur aux prêtres philosophes que nous venons de nommer.

XXV.

Les Aquitains, peuple ibérien, sorti de l'Espagne où il était arrivé' croyons-nous, par l'Afrique, adoraient, comme les Scythes, le dieu de la guerre. Mais au lieu de le représenter comme eux par un glaive, ils lui avaient donné un simulacre orné de rayons, et il l'appelaient *Neton* (1). Un esprit nouveau se montre dans cette irradiation de génie de la guerre.

(1) Macrobe, Saturnales, ch. 19.

Ce n'est plus une force brutale, mais, soit une association divine de la force armée à la puissance bienfaisante du soleil, soit l'intelligence protectrice d'une nation belliqueuse, devenue agricole et commerçante sans cesser de voir dans l'héroïsme des batailles la plus haute des vertus (1).

XXVI.

Notre science du culte des Aquitains s'arrête là. Le reste de la Gaule, du moins la Celtique y compris la Narbonnaise, qui en faisait originairement partie, se disait issue du Dieu des ténèbres et de la mort (2).

Cette idée symbolique, qui avait revêtu dans les croyances populaires le caractère de la réalité, accuse une origine d'extrême nord, et pourrait bien indiquer en même temps la race chez laquelle l'usage des sépultures et des cérémonies funèbres a pris naissance, s'il est vrai que Pluton doive être considéré comme l'inventeur divinisé du culte des morts (3). Elle était fort ancienne. L'habitude de compter du milieu de la nuit le commencement des jours, des mois et des années, en serait dérivé (4). Nous savons par témoignage de Macrobe (5) que le même usage était observé à Rome. Cependant tout fiers qu'ils étaient de leur ancêtre commun, l'histoire n'indique aucune offrande spéciale adressée par les Celtes à *Dispater*. Il est à présumer que sa religion se confondait avec celle des tombeaux.

De magnifiques funérailles accompagnées, dit-on, dans un temps de l'immolation des esclaves et même des clients (6), n'étaient pas tous les honneurs rendus aux personnages marquants. Des tertres, dont les dimensions nous étonnent, se construisaient pour renfermer les cendres avec les insignes de la vie. L'oubli ne suivait pas de près ces premiers hommages.

La fouille des monuments met à découvert d'autres offrandes successivement apportées au-dessus ou à côté du gisement mortuaire par plusieurs générations.

Les Kymris avaient, en outre, des sacrifices de bétail pour les mânes qui leur rendaient des orâcles en grand renom (7).

---

(1) Une association analogue se retrouve dans les formules religieuses ou d'étiquette à la cour des Pharaons, en Egypte. Exemple, celle des légendes de Ramsès le grand, rapportée par Champollion le jeune (première lettre au duc de Blacas, p. 73).

(2) César, l. 6, n° 18.

(3) Diodore, l. 5, n° 69.

(4) César, l. 6, n° 18.

(5) Saturnales, ch. 3.

(6) César, l. 6, n° 19. — Les sacrifices de têtes humaines, à Pluton et aux Lares, ont également existé autrefois à Rome, dans l'Ombrie et chez les Etrusques (Macrobe, Satur. ch. 7).

(7) Homère. Odyssée, l. 11.

XXVII.

L'absence d'un dieu de la guerre dans l'adoration des Celtes n'aurait pu se comprendre de la part d'un peuple aussi belliqueux. Au moment de combattre, les prises à faire lui étaient vouées. Après l'action, les vainqueurs lui sacrifiaient les animaux pris à l'ennemi.

Les autres parties du butin étaient réunies. Dans beaucoup de villes, les lieux consacrés regorgeaient de dépouilles exposées à tous les regards. Rarement une main sacrilége détournait ou célait quelque capture. Au surplus quiconque commettait un fait de ce genre encourait le dernier supplice (1).

Au mois de mars 1711 on découvrit, en creusant un caveau dans l'église de Notre-Dame, un bas-relief consacré à Tibère par les mariniers de Paris, appartenant aujourd'hui au musée de Cluny. Il est reproduit en entier à la 190e planche du deuxième volume, deuxième partie, de l'antiquité expliquée de Bernard de Montfaucon. L'une des faces du monument représente Esus ou Hesus. Le nom est inscrit au-dessus de ce personnage nu, la tête couronnée de jeunes rameaux s'enlaçant sur le front. Il se trouve dans l'attitude d'un homme qui frappe. Une branche tombe d'un arbre placé devant lui. L'instrument dont se sert Esus lui a échappé.

On a dit que c'était le génie de la guerre chez les Celtes. Nous le croirions volontiers. Car on y reconnaît l'homme des forêts, demeures ordinaires de ces peuples, et aucune autre figure du bas-relief ne peut convenir à une divinité guerrière. Aucun renseignement ne nous est fourni par l'histoire sur ce dieu, pas plus que sur *Teutates* ou *Theutates* et *Taramis* ou *Tharamis*, nommé avec lui dans la Pharsale de Lucain. Le poëte en fait une triade sanguinaire, aussi cruelle que la déesse de Tauride. Lactance en a parlé dans les mêmes termes sur la foi du poëte. Nous doutons beaucoup de l'exactitude de cette affirmation. Teutates et Taramis ne se retrouvent dans aucun autre auteur. Tite-live (Deca. 3, l. 6) mentionne, il est vrai, un tertre appelé *Mercure-Teutates*, mais cette éminence existait sous les murs ou au nombre des fortifications de Carthagène (Murcie), ville fondée en Espagne par les Carthaginois. Or, sous le nom de *Taœut* en Phénicie, *Thoyth* et *Thoth* en Egypte, on désignait Mercure (2). Ce serait donc le Mercure gaulois que Lucain aurait appelé *Teutates* (père des hommes). Il y a grande apparence que ce mot n'avait point passé dans la Gaule. Il n'accompagne jamais les représentations de Mercure dans les anciens monuments du pays. Les Carthaginois avaient du goût pour les sacrifices humains. On en faisait

---

(1) César, l. 6, n° 17.

(2) Fragments de Philon de Byblos, selon Eusèbe, pro. Ev. 1, 10, 11.

à Mercure en Germanie (1). Le rapprochement de ces deux faits a pu exciter l'imagination d'un poëte et le conduire à donner des habitudes identiques aux Celtes que l'on confondait souvent avec les Germains.

Son témoignage est trop suspect pour suffire à prouver l'existence d'une association divine inconnue aux historiens du temps. Nous n'admettons comme démontrée que l'adoration d'Esus, qui passe pour avoir été un des grands chefs Kymris, en faisant des réserves touchant la cruauté tout-à-fait hypothétique de ses rites.

XXVIII.

Bacchus, souverain beaucoup plus antique et bien autrement célèbre d'un grand peuple très proche parent des Celtes, avait aussi sa place parmi les dieux de la Celtique. Tant de nations se disputèrent autrefois la paternité de ce Dieu, et tant de faits accomplis par ses successeurs homonymes de l'Asie, de l'Afrique et de l'Europe ont enrichi sa légende, que la question de son origine s'en est trouvé obscurcie. Cependant les prétentions diverses qui se sont élevées à son sujet peuvent être jugées d'une manière raisonnable, si l'on examine les faits connus avec l'esprit d'observation critique, aujourd'hui en usage dans les travaux de l'histoire.

Il y a plus de difficulté pour Hercule, qu'on place communément, à tort suivant nous, dans l'Olympe de la Gaule.

Une contrée montagneuse très étendue de l'Inde adorait Bacchus, tandis qu'Hercule avait ses adorateurs dans les plaines. Ces deux cultes n'on pas été importés par les Macédoniens lors des conquêtes d'Alexandre. Ils étaient fort anciens. En attribuant leur introduction aux expéditions problématiques de Sémiramis et de Sésostris, on échapperait davantage à une réfutation positive, s'il n'était pas certain que les écrivains qui ont parlé de ces invasions ne leur donnent aucun caractère d'occupation prolongée. Resterait d'ailleurs à expliquer comment la double intronisation étant simultanée et provenant d'une cause unique, les Indiens de la montagne et ceux de la plaine se seraient partagé ces religions.

Comme la plupart des cultes admis par l'Occident, elles sont nées ou ont subi une transformation dans l'Inde, où les compagnons d'Alexandre qui les pratiquaient dans leurs pays les ont retrouvées avec surprise.

Mais Bacchus et Hercule ne nous paraissent pas pour cela originaires de l'Indoustan. Nous y reconnaissons deux antiques conquérants possesseurs du commandement militaire et du pontificat.

Bacchus a précédé Hercule de vingt-cinq générations, d'après les traditions indiennes rapportées par Megasthènes, et Hercule étant l'instituteur ou le vocable d'une des théocraties qui ont gouverné l'Égypte

---

(1) Tacite, Germ. n° 9.

avant les Pharaons, l'âge de Bacchus nous reporte aux temps les plus reculés.

Sa nationalité naturelle ou d'adoption avait son empreinte dans le peuple des *Oxydraques*, venu d'un pays à l'Occident de l'Inde, sous la conduite du héros, et qui a subsisté au confluent de l'Hydraote et de l'Acesine longtemps après que les descendants de Bacchus avaient perdu tout pouvoir. Le nom de ce peuple, dont le roi de Macédoine éprouva la valeur au péril de sa vie, indique, soit qu'il avait fait partie de la fraction Mède des *Ouxi* ou *Oxi*, soit au moins qu'il s'était formé sur les bords de l'*Oxus*, fleuve séparant la Bactriane et la Margiane de la Sogdiane.

Les sujets de Bacchus devaient être grossiers, à en juger par l'emblème du phallus, représentant à leurs yeux la puissance créatrice, mais les populations qu'ils subjuguèrent, au moins en partie de race malaise, l'étaient beaucoup plus.

Elles vivaient en général du produit de leur chasse et dans un état de dispersion.

Avant sa venue dans l'Inde, Bacchus appartenait probablement aux croyances qui ont symbolisé l'essence divine par le feu. L'épithète de *Pyrigène* qu'on lui donnait en est l'indice. Les idées du Brahmanisme durent venir s'ajouter à son importation religieuse. Car, à côté d'une extrême barbarie, l'Inde a eu, aux époques les plus primitives, sa philosophie religieuse, à côté des intelligences les plus rebelles, les pressentiments et les éclairs du génie.

La nationalité d'Hercule ne peut pas se déterminer par le nom du peuple qu'il conduisit dans l'Inde (les Sibées ou Silbées). Elle ne résulte pas non plus de la qualification de Titans, donnée à ce peuple et à celui de Bacchus dans le fragment de Castor déjà cité. Tous les peuples chasseurs de l'Asie paraissent avoir reçu cette qualification (1) par opposition aux hommes désignés sous le nom de Cyclopes, dont l'industrie métallurgique s'était placée sous le patronage de Vulcain, et à une race de géants symbolisant, peut-être, l'art qui éleva sur différents points de l'Orient certaines constructions que nos moyens mécaniques actuels produiraient difficilement.

L'imagination féconde de l'Indoustan a fait de ces deux héros des incarnations de Brahma. Ce dieu revêt la forme d'un homme, chaque fois qu'il apporte aux mortels un nouveau bienfait, une moisson de gloire ou des dogmes imprévus.

La théocratie héroïque d'Hercule a existé sur les bords du Nil, en Égypte et en Éthiopie, chez les Tyriens de la mer Rouge et de la Phénicie et dans une partie de l'Inde. Suivant Hérodote, les Scythes ennemis de la divinité de Bacchus admettaient, au contraire, celle d'Hercule, et

---

(1) Fragments de Sanchoniation et de Philon de Biblos, suivant Eusèbe, et fragments de Castor, suivant le texte arménien d'Eusèbe.

Agathias (l. 2) affirme avec Symmaque et Athénoclès que les Mèdes et les Perses la reconnaissaient sous les nom de *Sandes*. Tacite (Germ. n° 9) l'a trouvée établie chez des peuples dans la Germanie sans qu'on sache par où elle y était venue.

Ogham, l'hercule gaulois était, sans qu'on puisse en douter, de provenance africaine. Sa figure primitive a pu disparaître. Il a même pu demeurer longtemps une pure idéalité, et le portrait tracé par Lucien offre des particularités peu conciliables avec la conception d'une époque où les Celtes n'auraient eu qu'une civilisation très arriérée. Mais on voit que le principe de la force brutale n'a été pour rien dans son adoption. Il respire le sentiment d'un hommage à la civilisation éthiopienne ou égyptienne, et comme un souvenir du contingent qu'elle aurait fourni ou de l'impulsion qu'elle aurait donnée aux progrès de la Gaule dans un temps ancien.

Ogham figurait un vieillard décrépit, chauve avec quelques mèches de cheveux blancs, au visage ridé et bazané, une peau de lion sur l'épaule, tenant d'une main la massue traditionnelle d'Hercule, de l'autre un arc et un carquois garni de flèches, conduisant des captifs d'une grande docilité, attachés à sa langue par les oreilles avec des chaînes d'ambre extrêmement déliées et ressemblant aux plus beaux joyaux. Ils le suivaient d'un air satisfait.

Les livres contemporains, autres que les œuvres très satyriques de l'incrédule Lucien, ne citent point ce symbole, ni le nom d'*Ogham* ou Hercule comme recevant les sacrifices des Celtes.

Quant au culte de Bacchus nous avons la preuve qu'il avait une nationalité dans la Celtique comme dans la Thrace, la Phrygie, plusieurs villes grecques et l'Égypte, chez les Sabéens arabes et Éthiopiens et les Macrobiens de l'Éthiopie.

Nous ignorons s'il avait en Gaule beaucoup de lieux consacrés. L'histoire n'en mentionne qu'un seul, fort remarquable, l'île des femmes samnites en face du confluent de la Loire.

Les mystères de cette terre absolument interdite aux hommes, ont été décrits par Strabon, l. 4, ch. 4, n° 6 et par Denis Le Périégète, vers 570 à 580, dans son petit poëme de la description de la terre.

Les bacchantes habitaient l'île en question, séparées de leur maris qui vivaient sur le continent. Elles venaient elles-mêmes les trouver la nuit à époque déterminée, et s'en retournaient avant le jour sur leurs barques. C'était aussi la nuit, sur leur île, enguirlandées de lierre, qu'elles accomplissaient leurs rites sacrés dans de bruyants transports, entendus au loin.

Une fois chaque année elles démolissaient et rétablissaient la couverture de leur temple du lever au coucher du soleil, chacune apportant sa charge de matériaux pour la reconstruction. Si l'une d'elles laissait tomber son fardeau, ce qui arrivait toujours, ses compagnes la mettaient en pièces.

Cette affreuse coutume marque une phase religieuse bien antique. Orphée avait introduit des habitudes plus humaines dans les mystères de la Thrace.

La civilisation grecque les avait promptement accueillies. Néanmoins on avait continué, après les institutions d'Orphée, à sacrifier des hommes à Dionysius, en Crète, à Chio et à Ténédos. Au moment de la bataille de Salamine, par une sorte de réminiscence des guerres de la dynastie sacerdotale de Bacchus contre la Perse, l'aruspice ordonna d'immoler à ce dieu trois jeunes perses de distinction qui venaient d'être faits prisonniers.

Les généraux grecs obéirent en frémissant.

Les serments et les pactes des Sabéens, toujours placés sous l'invocation de Dionysius, se scellaient sur les sept pierres de témoignage avec le sang arraché à la veine de chaque partie contractante, au moyen de pierres aiguës (1).

L'effusion du sang pour rendre hommage à ce vieux civilisateur divinisé n'avait donc rien de particulier au Celtes. Seulement le culte de l'île des femmes avait conservé son originalité de race.

Le bas-relief de la fouille de Notre-Dame, montrant sur une de ses faces Castor et Pollux, le premier avec le bonnet phrygien et une main sur la tête d'un cheval, il est évident que ce culte de la Phrygie, originaire du nord de l'Europe, avait pénétré en Gaule. Mais il ne semble pas qu'il eût pris beaucoup d'extension.

XXIX.

Bien antérieurement à l'introduction des Dioscures et probablement au culte plus répandu d'*Esus*, probablement aussi avant *Dispater*, s'il n'est dû qu'à l'élément de la première arrivée des Kymris et avant la Theurgie-Samnite de Bacchus, l'adoration de la nature dans ses manifestations les plus saisissantes s'était généralisée dans la Gaule, partout où le sens de la religiosité n'était pas demeuré latent.

Cette première forme du sentiment religieux s'est montrée instinctivement en tous lieux, de l'orient à l'occident dans les races supérieures (2), si ce n'est une petite fraction de la race sémitique.

Les branches ariennes n'en ont pas eu d'autre à leur origine. Le monde n'était plus jeune lorsqu'Hérodote (3) écrivait : « Les Perses et

---

(1) Pour preuve, à l'appui de notre manière d'envisager Bacchus et Hercule, nous renvoyons à Diodore, l. 2, 3 et 4; à Megasthènes, l. 1er, ch. 38 et 39, l. 2, nos 21 et 23; aux fragments d'Euthymènes et d'Hérodore d'Héraclée; aux fragments de Castor, l. 1er, et à Hérodote, l. 2, nos 29, 43, 81, 145 et 146, l. 3, nos 8, 97 et 111, l. 4, nos 59, 79, l. 8, no 143. — Voir aussi Strabon, l. 15, ch. 1er, et fragments de Phanias et d'Eudoxe de Rhodes.

(2) Voir fragments de Sanchoniation rapportés par Philon de Byblos et Eusèbe.

(3) L. 1er, nos 131 et 132.

» les Mèdes n'ont ni temples, ni autels. Ils se rendent sur les plus
» hautes montagnes pour sacrifier à Jupiter. Ils appellent ainsi toute la
» circonférence du ciel. Ils sacrifient aussi au soleil, à la terre, au feu,
» à l'eau et aux vents. Ils ne reconnaissaient pas anciennement d'autres
» dieux que ceux-là. »

Chez eux sacrifiait-on au feu ? Un brasier était allumé avec du bois
sec dépouillé de son écorce et enduit de graisse. On l'arrosait d'huile.
Sacrifiait-on à l'eau ? On formait près d'un lac, d'une rivière ou d'une
fontaine une excavation qui recevait le sang afin que l'eau n'en fut point
souillée (1).

César (1. 6, n° 21) disait, cinq cents ans plus tard, des Germains : « Ils
» ne reconnaissent que les dieux qu'ils voient et dont les actes leur
» profitent : le soleil, le feu et la lune, » et Tacite a dit d'eux un demi-
siècle après César : « Ils ont des bois et des forêts consacrés, et ils
» donnent des noms de divinités à ce mystère, objet de leur vénéra-
» tion. » (2)

Dans la Gaule ce culte a été si vivace que plusieurs de ses usages ont
longtemps subsisté après la conversion des Gaulois au christianisme.
Quelle autre origine pourraient avoir ces feux, à travers la fumée
desquels passent familles et bestiaux, allumés par nos campagnes la
veille de la saint Jean ? N'est-ce pas pour donner le change à des
superstitions dérivant du même principe que les chrétiens ont fait une
semi consécration de quelques fontaines ? L'habitude de jeter dans les
sources divers objets ou des débris d'ustensiles tient à la même cause
originelle. Dans la Narbonnaise les Romains firent au moment de leur
conquête une ample moisson de valeurs métalliques en recherchant
dans les étangs et les lacs publics les lingots que la foi des Gaulois y
avait jetés.

En la forêt de Brécilien (Broceliande), maintenant forêt de Paimpont,
fameuse dans les fabliaux, il se pratiquait encore, au quinzième siècle
(3), une cérémonie bien voisine des observances du prêtre de Jupiter

____

(1) Strabon, l. 15, ch. 3, n°s 13 et 14. Hérodote, l. 1er, n° 132.

(2) Germ. n° 9.

(3) La cérémonie dont nous parlons est rapportée dans une charte du 4 août 1467,
qui n'est que la copie d'un titre antérieur de plusieurs siècles. Dans la vaste forêt de
Paimpont, qualifiée *mère forêt,* il n'existait pas moins de huit couvents ou abbayes
d'hommes ou de femmes et un plus grand nombre de châteaux forts. Un des principaux, servant d'habitation au comte de Laval, était l'antique castel de Comper dont
il n'existe plus que des ruines. A une heure de marche de cette résidence coulait la
fontaine de *Rodiné.* « Quand la sécheresse et la chaleur étaient intenses, dit la charte,
» et que les animaux et les plantes se courbaient lentement vers la terre, pour y cher-
» cher quelque fraîcheur, le sire et la dame de Laval, escortés de pages, de varlets et
» de damoiselles, se rendaient à haquenée vers la fontaine merveilleuse. Le sire de
» Laval puisait de l'eau dans sa main, il en arrosait la margelle de la fontaine, et il
» était à peine de retour à son castel de Comper, que des vapeurs se formaient dans
» l'air et qu'une pluie douce et bienfaisante tombait avec abondance. »

Lycien, attaché à un des cantons de la Grèce lorsqu'il demandait de la pluie au ciel par un temps de sécheresse prolongée. Ce prêtre tourné vers une fontaine priait en élevant une branche d'arbre et la lançait ensuite au-dessus de sa tête (1). Il est entendu que la nuée bienfaisante ne résistait pas à l'évocation.

Ces particularités sont très significatives. Le traité passé entre Annibal et Philippe de Macédoine, lors de la seconde guerre punique, offre cependant une certitude plus grande. Car il fournit la preuve officielle que la Gaule tout entière, la Ligurie comprise, appartenait au culte naturaliste. Il prouve en outre qu'aucun autre n'avait un caractère de généralité aussi constant (2).

Dans la plupart des races parlant les langues indo-germaniques, les communications de l'homme avec le souffle divin ou les puissances supérieures ayant leur enveloppe visible dans la nature, avaient pour ministres des femmes. Si les mystères de Bacchus excluaient presque partout la présence des hommes, leurs fondateurs n'avaient fait que suivre les mœurs de leurs compatriotes en portant cette interdiction. On a été jusqu'à prétendre que la Thrace, étape et centre de fusion des populations ariennes, avait emprunté son nom à une célèbre incantatrice, habile dans l'art des guérisons (3).

Rien ne résume mieux la fonction et l'autorité de ce sacerdoce des femmes que le beau livre de Tacite intitulé : *Mœurs des Germains.* « Ils sont, dit-il, dans la croyance, qu'il y a en elles quelque chose de » saint et de prophétique. Ils ne méprisent point leurs conseils ni ne » négligent leurs réponses. Nous avons vu, sous Vespasien, Vélléda honorée chez plusieurs peuplades comme une divinité. Autrefois ils » adorèrent Aurinia et plusieurs autres, non par adulation, ni comme » des déesses créées de leurs mains. »

Lorsque Tacite faisait ses observations, le règne des voyantes n'était plus sans partage en Germanie. Mais la foi qu'elles inspiraient datait de

---

(1) Pausanias. Description de la Grèce, l. 8, ch. 38, n° 4.

(2) On trouve ce traité au liv. 7 de l'histoire générale de Polybe.

L'alliance est jurée par les sénateurs carthaginois dans l'intérêt de toutes les possessions de Carthage et de tous les peuples qui, en Italie, en Gaule et en Ligurie, avaient embrassé son parti. Elle est conclue non-seulement en présence de Jupiter, Junon et Apollon, d'*Hercule, dieu suprême des Carthaginois*, et d'Iolaüs, de Mars, Triton et Neptune, *de tous les dieux qui gouvernent la Macédoine*, mais en même temps *en présence des divinités mêlées à l'expédition, le soleil, la lune et la terre..., des fleuves, des prairies et des eaux.*

L'Hercule gaulois pas plus que l'Hercule grec, qui n'était qu'un demi-dieu, ne sont nommés au traité. Quelle présomption que la Gaule ne reconnaissait pas au moins alors un Hercule dieu ! Mercure n'y figure en aucune façon, ce qui autorise quelque peu à croire que Mercure n'est devenu que plus tard le Dieu suprême des Celtes gaulois, et a été apporté par le druidisme.

(3) Fragments d'Arrien de Nicomédie. Suivant lui la Thrace se serait d'abord nommée Perse. Il parle d'une autre femme Thrace (Crocodice) qui égalait Médée dans l'art de la magie.

loin (1) et pour augmenter le respect qui les entourait, quelques-unes se tenaient cachées, se servant d'intermédiaires pour recevoir les consultations et rapporter les réponses (2). Le grand nombre était plus abordable. Arioviste, chef des Suèves, en avait près de lui (3).

Les Gaulois n'entreprenaient aucunes guerres et ne faisaient point la paix sans que les femmes, consacrées par leur naissance ou un renom d'inspirées, eussent donné leur avis qui avait non moins de pouvoir pour la solution des différends avec leurs alliés (4).

C'est à cet ordre de prophétesses que se rattachent les *Gallicènes*. Au nombre de neuf, elles résidaient dans l'île de Sein ou de Sena sur la côte du Finistère.

Le roman historique les déshonore en supposant qu'elles livraient leurs secrets aux embrassements de la prostitution. Un témoignage non suspect, contemporain du dernier âge de ces fées, leur donne, tout au contraire, l'auréole d'une perpétuelle virginité.

L'opinion populaire leur attribuait le pouvoir de déchaîner les vents et les tempêtes par leurs enchantements, de se métamorphoser en tels animaux qu'elles voulaient, de guérir les maux regardés comme incurables, et enfin de connaître et de prédire l'avenir; mais elles réservaient exclusivement leurs remèdes et leurs prédictions pour ceux conduits par l'unique dessein de les consulter (5).

XXX.

L'histoire ne signale pas d'autres débris des primitives prêtresses, qui eurent nécessairement des rivales moins débonnaires à l'arrivée des Kymris, dans le nord et le nord-ouest de la Gaule. Ceux-ci n'avaient pas pu laisser derrière eux toutes les femmes en possession exclusive, dans la Tauride, le Danemarck et le Jutland, de l'horrible privilége des immolations humaines.

Les vainqueurs continuant à leur être soumis, on ne comprendrait pas que les vaincus se fussent soustraits tout seuls à leur domination. Les anciennes prêtresses gauloises furent, en général, on doit le croire, dans la nécessité de se retirer devant elles.

Le midi de la Gaule fut exempt de leurs tyranniques cruautés, parce que l'empire des Kymris s'était arrêté avant d'y parvenir.

Ce sont, d'après nos conjectures, les seules contrées où les Kymris ont régné dans la Gaule qui ont reçu les Druides, et ceux-ci ont eu à renverser le pouvoir des prêtresses cimmériennes qui probablement s'étaient rendues odieuses par les excès de leur barbarie.

(1) Germains, n° 8, hist. l. 4, n° 61.
(2) Tacite, hist. l. 4, n° 61.
(3) Tacite, hist. l. 4, n° 65.
(4) César, l. 1er, n° 50. Plutarque, œuvres morales, actions des femmes.
(5) Pomponius Mela, l. 3, ch. 6.

Nous ne savons pas de quelle manière la réaction s'est produite, mais il est certain que, partout où le Druidisme avait été accepté, les femmes n'avaient plus le pouvoir ni le partage du sacerdoce lorsque les Romains soumirent la Gaule druidique. Les Druides n'ont donc pas été, comme tant d'hommes l'ont professé, les instituteurs des prophétesses gauloises, pas plus de celles aux mœurs douces, que de celles respirant le sang comme leurs dieux.

Les prêtresses cimmériennes, respectables par l'âge qui avait blanchi leurs cheveux, étaient hideuses de férocité. Après avoir animé leurs compatriotes dans les combats, au moyen des instruments bruyants qu'elles portaient sur leurs chars, elles s'emparaient des captifs pour les traîner au bassin sur lequel s'opérait l'égorgement.

Les phénomènes produits par le flux du sang et la vue des entrailles inspiraient leurs prédictions (1).

Les rochers manifestement creusés de main d'homme en cuvettes et en rigoles sinueuses, presque toujours entourés d'un parvis et présentant souvent des siéges latéraux que l'on voit en grand nombre aux environs de Vannes et sur les landes du Morbihan, me paraissent parfaitement appropriés aux pratiques de ces prophétesses.

Je présume qu'ils ont eu cette destination (2). Les pierres sonnantes

---

(1) Strabon, l. 4, ch. 4, no 5. Diodore, l. 5, nos 31 et 32. Pomponius Mela.

(2) La question des pierres dont je parle a été traitée avant moi par des collègues beaucoup plus autorisés. Si je n'adopte complètement aucun des avis qui se sont produits, je me suis déterminé par des raisons qui m'ont paru décisives.

Plusieurs de mes devanciers ont attribué à des effets de désagrégation naturelle, opérée sous l'action des influences atmosphériques, les particularités qui frappent tous les observateurs. Les autres ne doutent pas qu'il y ait eu une destination religieuse donnée anciennement à ces pierres. Mais ils ne font pas remonter leur consécration au-delà des druides. Enfin ils voient des mutilations dans les excavations des roches objet de notre examen. Ils disent que les autels devaient être, suivant les rites, de pierres non façonnées et que c'est, selon toute apparence, le zèle des chrétiens qui a porté le marteau sur ces autels, afin de les arracher au culte ou à la vénération des derniers adeptes du druidisme.

La première explication n'est aucunement admissible. Le travail de l'homme est très reconnaissable dans les dispositions qui ont fait des abords de tous les rochers une sorte de parvis, et le dessus est creusé dans des conditions qui, non-seulement accusent visiblement le travail de l'homme, mais l'exécution d'un plan rituelique. Cette dernière remarque répond en partie à la seconde explication. La main qui mutile frappe sans suivre aucune autre règle que l'esprit de destruction. D'un autre côté, si les cultes de la race sémitique exigeaient des autels en pierres brutes, où est la preuve, où est même l'indice qu'il en fut de même dans la race celtique.

Les Druides, comme les mages de la Perse, offraient leurs sacrifices sur la terre nue ou couverte de gazon, et les prêtresses cimmériennes du Danemarck, à l'époque de Strabon, sur des bassins sacrés. Voilà la vérité historique! Le ritualisme sémitique n'apparaît nulle part dans les cérémonies des Celtes. Les Druides du reste n'ont pu se servir de ces *rochers autels* pour leurs sacrifices ordinaires. Leurs pratiques particulières ne le comportaient pas. S'ils en ont fait usage exceptionnellement, ce ne pourrait être, suivant moi, que pour le supplice des coupables ou lorsque des innocents étaient sacrifiés par effigie, seules imitations de la religion des Kymris qui aient trouvé place dans leurs observances, comme nous le verrons bientôt.

placées dans le voisinage de ces rochers peuvent avoir servi durant les immolations au vacarme sauvage qui était si fortement du goût des Cimbres.

Nous sommes naturellement amenés par les détails qui précèdent à parler transitoirement d'autres pierres, à formes bizarres qui reposent sur des roches adhérentes au sol et isolées de toute habitation dans divers endroits du Morbihan, notamment de la pierre connue sous le nom du chapeau de Gargantua, près du ruisseau et de l'étang de Coëtdelo en Pleucadeuc. Si je puis hasarder mon opinion personnelle sur une question d'origine qui arrête les savants antiquaires, je ferai remarquer que les plus anciens symboles matériels des dieux ont été des pierres brutes et informes ou très légèrement dégrossies, et, dans ce dernier cas, affectant une forme en général circulaire ou carrée. Les premières images de Mercure, de l'Amour et même de l'Hercule oriental n'étaient pas autre chose dans la Grèce. Suivant Maxime de Tyr, les anciens Arabes adressaient leurs hommages à une pierre carrée représentant probablement Uranus, maître du soleil et des autres astres, auteur de tous les bienfaits de la nature, seul dieu qu'ils adorassent avec Bacchus.

Postérieurement au règne d'Antonius, le soleil était encore adoré dans une des villes de la Phénicie, sous la figure d'une grande pierre noire, ronde par le bas et terminée en pointe. Les habitants se glorifiaient de cette pierre devant laquelle les satrapes et les rois voisins courbaient la tête, comme les indigènes, en prodiguant leurs trésors (1).

Agdistis avait dans la Galatie un symbole analogue qui a passé, ainsi que nous l'avons dit, dans un temple de Rome.

XXXI.

L'exposition que nous venons de donner démontre avec quels éléments les druides se sont trouvés aux prises. Diodore et Strabon (2) les représentent comme des philosophes et des théologiens très honorés.

Au rapport de ces auteurs ils ne sacrifiaient pas eux-mêmes. Ils se bornaient à prêter leur assistance aux sacrifices publics et privés.

César (3) atteste que, suivant la doctrine druidique, les immolations les plus agréables à la divinité étaient celles des malfaiteurs. Il dit seulement que, dans le cas où ce genre de victimes venait à manquer, on y suppléait par le supplice des innocents. Il parle aussi des vœux inhumains que faisaient les Gaulois pour obtenir leur salut dans une maladie ou dans un danger. Ils se dévouaient à échéance ou dévouaient d'autres

---

(1) Pausanias, description de la Grèce, l. 9, ch. 24, nº 3, et chap. 27, nº 1er. Hérodien, l. 5, nº 5. Arrien, exp. d'Alexandre, l. 3, ch. 5.

(2) Diodore, l. 5, nºs 31 et 32 et Strabon, l. 4, ch. 4, nº 5.

(3) Guerre des Gaules, l. 6, nº 16.

hommes à la mort. César ne les accuse pas d'immoler leurs prisonniers de guerre.

Pomponius Mela (1) qui était, en quelque sorte, contemporain du dictateur et de Strabon, rétablit l'exactitude des faits : « la Gaule, écrit-
» il, est habitée par des peuples fiers et superstitieux, qui poussèrent
» autrefois la barbarie jusqu'à immoler des victimes humaines, regardant
» ce sacrifice comme le plus efficace et le plus agréable à leurs divinités.

» Cette coutume atroce est abolie chez eux, mais il en reste encore
» des traces ; car, s'ils s'abstiennent d'ôter la vie aux hommes qu'ils
» dévouent, ils les conduisent néanmoins à l'autel, et leur font de
» légères blessures. »

Voilà en quoi consistaient ces sacrifices humains que les empereurs romains interdisaient à la Gaule, sous des peines capitales (2). Leur politique tendait à affaiblir la nationalité gauloise, en supprimant ses rites religieux. Ce motif, déguisé sous un prétexte d'humanité, était si bien la raison cachée de la défense, que les Césars faisaient périr comme violateurs de la loi, non-seulement les auteurs des sacrifices, mais encore le simple fidèle à la superstition très innocente de l'œuf de serpent (3).

Ammien Marcellin (4) n'hésite pas à attribuer aux druides l'introduction du culte de l'intelligence dans la Gaule. « Leurs spéculations, d'après
» lui, étaient de l'ordre le plus élevé. Formés en communauté, l'esprit
» toujours tendu vers les questions les plus abstraites et les plus ardues
» de la métaphysique, ils tenaient en mépris les choses d'ici-bas, et dé-
» claraient l'âme immortelle. » César en fait aussi un ordre savant et livré à la contemplation.

Il n'est pas admissible que de tels hommes aient institué un culte barbare.

XXXII.

Leur dieu supérieur et, nous dirons même, leur dieu unique était Mercure, conception religieuse, la plus philosophique et la plus haute à laquelle se soit élevé l'esprit humain dans l'antiquité. C'était le moteur suprême, principe de toute intelligence et source de la parole (5).

Inutile de dire que l'immatérialité divine dont nous parlons, qui reçut plusieurs siècles après l'adoration de l'empereur Julien dans le palais des

---

(1) L. 3, ch. 2.

(2) Pline, l. 30, ch. 1er. Suétone, Claude, no 25.

(3) Pline, l. 29, ch. 3, l. 30 ch. 1er. L'objet qu'on appelait œuf de serpent passait pour renfermer dans ses flancs toutes les bonnes chances et faisait gagner tous les procès. Un chevalier vocontien, s'étant présenté devant le tribunal de l'empereur Claude muni du précieux talisman, paya de sa tête ce crime de lèse-majesté.

(4) L. 15, no 19.

(5) César, guerre des gaules, l. 6, no 17. Ammien Marcelin, l. 16, no 5. Macrobe, Saturnales, ch. 17.

Thermes, n'était pas comprise par les masses du peuple gaulois. Il ne connaissait Mercure que par ses simulacres très nombreux (Com., l. 6, nº 17). D'autres divinités populaires prenaient rang après ce dieu (Com. *ib*).

La pure doctrine religieuse n'appartenait réellement qu'aux initiés du premier ordre.

Elle enseignait, entre autres choses, le dogme de l'immortalité de l'âme. Cette partie de la croyance des druides apparaît à César et à Diodore comme une sorte de plagiat des doctrines pythagoriciennes, touchant les migrations infinies d'une enveloppe corporelle dans une autre, à Lucain comme le passage de la vie de notre globe à l'existense d'une autre sphère, sans séjour des ombres et sans Tartare (1).

Au contraire, d'après Pomponius Mela (l. 3, ch. 2), ils admettaient une vie nouvelle dans un lieu destiné aux mânes.

Le barde Gwenchlan (2) paraît supposer que l'homme meurt trois fois avant de trouver le repos. C'est apparemment le dernier terme de sa métempsycose.

Procope (3) rapporte que les armoricains de l'Océan et de la Manche plaçaient la demeure des âmes dans l'île d'Albion, et que les marins auxquels était dévolue la tâche périlleuse de les transporter par les nuits de tempête, au premier signal qu'ils recevaient par les coups frappés à leurs portes, étaient exempts d'impôts.

Ossian, que nous ne regardons pas comme issu du druidisme, mais qui en avait une teinte, s'était fait un paradis dans les nuages. Certains croyants, moins poétiques, ajournaient à leur arrivée dans l'autre monde la régularisation de leurs affaires et le paiement de leurs dettes (4).

La religion des Druides laissait, sans doute, une grande latitude à la foi de ses fidèles à l'égard de nos destinées. Nous ne savons pas si les plus savants des Druides avaient eux-mêmes des opinions bien arrêtées sur l'état de l'âme après la mort. Cependant il est incontestable que l'idée d'expiation des actions mauvaises était fondamentale dans leurs principes religieux. La condamnation du coupable par le prêtre et son supplice à titre d'offrande agréable à l'essence divine n'avaient pas un autre caractère. D'un autre côté, ces lettres de regrets et d'adieux que la piété filiale et l'amitié adressaient aux morts par la voie du bûcher des funérailles (5), supposaient dans l'esprit de leurs auteurs non-seulement une seconde existence mais la mémoire de celle quittée, de ses affections et de ses devoirs.

Nous ne pouvons pas être plus affirmatifs sur la portée de cette partie

---

(1) César, l. 6, nº 14. Pharsale, l. 1ᵉʳ, p. 454 à 460. Diodore, l. 5, nº 28.
(2) Chant connu sous le nom de *prédiction*.
(3) Guerre des Goths, l. 4, ch. 20.
(4) Pomponius Mela, l. 3, ch. 2.
(5) Diodore, l. 5, nº 28.

des croyances gauloises. Ces sortes de questions, inscrites dans le programme de toutes les théologies, ont fait de tout temps le désespoir du philosophe, qui s'est exclusivement appuyé sur la raison pure sans tenir compte du sens intime. A leur tour, ceux qui ont lu dans le cœur humain et dans les révélations de la conscience, que tout ne finit pas à la mort, ont compris l'impuissance de l'homme à découvrir tout seul les véritables conditions de l'immortalité promise.

Rien n'a inspiré plus d'hésitation aux législateurs religieux. Moïse lui-même, si ferme dans la poursuite de son œuvre, n'avait pas offert aux Juifs la perspective de récompenses ou de châtiments au-delà de la terre. Il était réservé au christianisme de donner dogmatiquement des solutions claires et invariables sur un point aussi intéressant pour l'humanité.

N'accusons donc pas le druidisme d'être demeuré dans une mystérieuse obscurité où l'initiative individuelle a conservé son essor et ses égarements. Regrettons seulement de ne pas mieux connaître ce que ses méditations avait pressenti ou découvert.

XXXIII.

De fortes et longues études préparaient à son sacerdoce. Une puissante organisation constituait ce corps remarquable à tous égards, investi du pouvoir d'enseigner, d'interpréter les choses religieuses, de veiller à l'observance des rites et de juger les causes civiles et criminelles.

Il se recrutait parmi ses élèves, et aucune classe sociale n'était exclue de son enseignement.

L'archi-druide, chef de la corporation, était nommé à l'élection et choisi parmi les membres les plus éminents.

Les bardes, poëtes et chanteurs, et les eubages sacrificateurs et devins étaient affiliés (1).

Chaque année, à époque fixe, les Druides tenaient une réunion générale dans un lieu consacré du territoire des Carnutes. Les cités en contestation y portaient leurs causes. Les décisions étaient respectueusement obéies (2).

Le recueillement et l'impression de majestueuse grandeur que communique à l'homme la vue d'une forêt de chênes, avaient fortement agi sur l'esprit des Celtes. Le chêne était associé à l'hommage qu'ils rendaient à Dieu. Quand cet arbre produisait, par exception très rare, la plante parasite nommée gui, ces âmes naïves mais profondément

---

(1) César, guerres des Gaules, l. 6, nᵒˢ 13 et 14. Diodore, l. 5, nᵒ 31. Strabon, l. 4. ch. 5.

(2) César, l. 6, nᵒ 13.

religieuses, comme celles de toutes les races supérieures à leur début dans la vie sociale, prenaient ce phénomène pour un signe céleste.

L'arbre était sacré et le gui un don du ciel. L'eau où le gui avait trempé lui empruntait une vertu surnaturelle. Elle devenait un spécifique contre les maladies et un moyen d'assainissement, de purification et de fécondité.

Les forêts de chênes étaient le séjour des Druides qui leur devaient leur nom, s'il faut en croire les anciens auteurs. Aucune des grandes cérémonies sacrées vraiment druidiques ne s'accomplissait en un autre lieu (1).

La récolte du gui exigeait beaucoup de recherches pour le découvrir et se faisait, toutes occupations cessantes, à la sixième lune, suivant le comput romain. C'était le commencement de l'année pour les Gaulois.

Dès que le gui avait été trouvé, le prêtre vêtu de blanc le détachait avec une serpette en or et le recevait sur une saie ou couverture blanche. On immolait ensuite deux taureaux de même couleur, qu'on avait préalablement conduits sous le chêne privilégié, en priant Dieu de rendre son présent prospère à ceux qui l'avaient obtenu (2).

Nous ne dirons pas avec Pline : *Tanta gentium in rebus frivolis plœrumque religio est.*

Les masses ne sont pas philosophes, et le sentiment de la religiosité constitue pour elles un besoin qu'elles satisfont dans la mesure du développement de leurs facultés. La compression de ces instincts les mènerait à une déchéance morale.

Les druides traitaient le peuple gaulois comme un enfant intelligent. Grâce à ce procédé la civilisation a marché sous leur bienfaisante influence. Par des actes dont la haute portée se dissimulait sous des apparences quelque peu puériles, mais conformes à des habitudes acquises, ils lui ont enlevé graduellement ses usages barbares, appris des devoirs qu'il n'avait pas soupçonné et montré sous une face toute nouvelle le caractère de la divinité. A la place des dieux du meurtre, de la guerre, de la haine, de la vengeance, ils lui ont offert celui des arts, de la paix, du négoce et de l'intelligence. Tout leur ritualisme était conçu dans le même esprit. Ses observances frappaient l'homme d'un respect religieux. L'abus des pratiques pouvait seul faire tache au tableau.

Les trois espèces végétales dans lesquelles les Celtes avaient le plus de foi étaient la verveine, le *selage*, qui ressemblait beaucoup à la bruyère et du tamarin, et le *semolum* des Latins croissant dans les lieux humides. Mais ces herbes ne pouvaient se cueillir comme les autres sous peine d'en détruire l'efficacité magique.

---

(1) Pline, l. 16, ch. 44.

(2) Pline, l. 16, ch. 44 in fine.

Les pratiques en usage pour se les procurer à l'état d'infaillibilité sont détaillées d'une manière fort curieuse dans Pline le naturaliste (1).

La description de la chose appelée œuf de serpent, sa production fabuleuse et les marques qui la faisaient reconnaître sont signalées par le même auteur (2).

Faisant partie des insignes ostensiblement portés par les Druides, il ne pouvait manquer d'exciter le respect et les convoitises de la superstition d'un peuple naturellement crédule. Il n'est pas impossible au surplus qu'il ait appartenu à un culte indigène plus ancien, comme la verveine, dont l'usage n'était pas moins sacré à Rome que dans la Gaule (3).

La ressemblance du Selage au Tamarin, qui fournissait aux mages de l'orient leurs baguettes ritueliques, explique son introduction dans les actes religieux.

L'analogie des formes constitutives du *semolum* et de la verveine sauvage, tellement rare, que les Romains avaient senti la nécessité d'en prévenir chez eux la destruction par des règlements, induit pareillement à penser que la première de ces plantes était uniquement destinée, dans le principe, à suppléer l'autre quand celle-ci faisait défaut.

Nous avons dit que les grandes cérémonies du druidisme se faisaient sous le feuillage du chêne et en général dans les forêts.

Nous ajoutons qu'aucun sacrifice, au moins aucun de ceux où le sang coulait, ne pouvait avoir lieu sans l'assistance des druides (4).

Les sacrifices non sanglants ne nous paraissent pas avoir été soumis à la même prescription. De ce nombre les sacrifices expiatoires de fèves et de miel qui s'offraient à la terre avant de cueillir la verveine. De ce nombre encore, les sacrifices de pain et de vin qui précédaient la récolte du *semolum* et du selage (5), si, comme on peut le supposer à la lecture de Pline, toute personne pouvait consacrer ces plantes en les détachant du sol, à la seule condition de satisfaire scrupuleusement aux exigences des rites.

Il est évident qu'il devait en être de même de toute offrande simple soit aux dieux, soit aux âmes des morts.

Les mystères de Bacchus et l'oracle de Sena se passaient de l'intervention des prêtres, peu jaloux sans doute d'y compromettre leur supériorité morale et leur austérité.

Sena et l'île des femmes samnites, manifestement hors druidisme, sont des exemples frappant de l'étendue des tolérances du clergé celtique.

---

(1) Pline, l. 24, ch. 11 et l. 25, ch. 9.

(2) Pline, l. 29, ch. 3.

(3) Pline, l. 22, ch. 4 et l. 25, ch. 9.

(4) César, l. 6, n° 16. Diodore, l. 5, n° 31. Strabon, l. 4, ch. 4, n° 5. Fragments de Denis.

(5) Pline, l. 24, ch. 11, et l. 25, ch. 9.

Si on était assuré que la Grande-Bretagne tout entière s'était rangée sous sa loi, on en trouverait un autre exemple dans l'usage d'introduire des femmes nues et peintes au pastel dans la célébration de certaines cérémonies religieuses, dont nous avons déjà parlé d'après Pline le naturaliste (1).

Ce vieux souvenir d'un séjour originel en Afrique n'est signalé nulle part dans la Gaule. Il est resté propre à des Bretons insulaires, probablement à la race des Silures (2). Son caractère localiste exclut toute idée d'assimilation par les druides.

Ceux qui ont voulu conclure du récit de Pline, que les druides se mariaient et faisaient participer leurs épouses et leurs brus à l'accomplissement de leurs cérémonies, n'ont pas remarqué que l'auteur ne dit pas un mot s'appliquant en particulier à des prêtres.

Ils ne sont pas mieux inspirés en attachant le sens d'une filiation naturelle à l'épithète *stirpe druidarum satus* adressée par Ausone (3) à ses deux amis, desservants du temple d'*Apollon Belenus* à Bordeaux.

Le poëte n'avait pas trouvé de compliment plus flatteur à leur faire que de comparer le sacerdoce des druides à la façon dont ils exerçaient le leur. A coup sûr, pour devenir un argument historique, il a fallu que l'image poétique sortie d'une tête peu sérieuse fît bien du chemin.

Nous repoussons absolument ces inductions pour nous en tenir à Ammien (4) qui attribue aux druides du premier degré une vie cénobitique, en l'absence de laquelle ils se seraient constitués indubitablement à l'état de caste ou le seraient devenu par la force des choses.

Aucune des religions découlant de la source d'où le druidisme est sorti, n'était exempte des croyances à la magie et à la divination.

L'inspiration prophétique naissait chez lui au milieu des colloques et des délibérations. La vision de l'avenir venait aussi par les songes.

On consultait le sort dans les tressaillements du corps, en jetant les dés, en lançant des traits (5).

Partout où des animaux étaient immolés, on croyait trouver l'avenir dans leurs viscères (6). Les Celtes avaient cette conviction (7).

Quant aux prédictions par l'eau, par les lampes, par les bassins, par les haches, par les dés, par les conférences avec les ombres et les dieux

---

(1) L. 22, ch. 1er.

(2) Leur nom a une grande ressemblance avec celui d'un des peuples de l'Inde inscrit dans les fragments de Ctésias.

(3) Auteur du IVe siècle dans ses chants, IVe et Xe *de professoribus burdigalensibus.*

(4) 15, L. n° 19.

(5) Cicéron *de divinatione*, l. 1er, n° 41, et l. 2, n° 51.

(6) Arrien. Exp. d'Alex., l. 3, ch. 5. Pausanias, l. 6, ch. 2, n° 5.

(7) Diodore, l. 5, n° 31.

infernaux en usage parmi les devineresses émérites indépendantes (1),
elles ne paraissent pas avoir appartenu aux pratiques religieuses de la
Gaule druidique tant que ses prêtres nationaux ont eu la prépondérance.

XXXIV.

Nous ne pouvons pas dire quand et où le druidisme a commencé.
L'île de Bretagne était réputée son berceau, et c'est là qu'on se rendait
pour approfondir ses doctrines (2). Il est incontestable que la grande
école des druides était chez nos voisins d'outre Manche.

Cependant cette circonstance est loin d'établir que les Celtes insulaires
fussent les inventeurs de la liturgie et des dogmes druidiques.

Leur barbarie plus grande que celle des Gaulois, leur intelligence
moins ouverte (3), repousse même absolument cette supposition. Le
fait que les druides ont passé par l'Angleterre avant d'arriver dans la
Gaule, n'en a pas moins une haute portée historique. Il est évident qu'ils
n'ont pas pénétré, comme on l'a dit, chez les Celtes dans les rangs du
dernier ban kymris et qu'il n'est pas vrai que ce soit un chef pontife
et guerrier, Ésus ou tout autre, qui les ait institués.

Ils n'ont pu venir de l'île de Bretagne que comme missionnaires. C'est
avec ce caractère pacifique, que respirait l'idée fondamentale de leur
ordre, qu'ils se sont fait accepter.

Mais de quelle race étaient leurs fondateurs ? d'où venaient-ils quand
les îles britanniques les ont reçus et quelle est leur extraction religieuse ?

Je n'hésite pas à dire que le druidisme est issu directement des religions de l'Inde. Ce n'est pas le passage des Vedas (4), où il paraît
désigné comme une hérésie ou un schisme parallèlement aux cultes de la
Perse, de la Chine, des Doriens et d'autres peuples, qui me détermine.
Cette mention est en somme assez obscure. J'aime mieux prendre pour
marque d'origine les traits distinctifs de cette puissante religion.

Le druidisme avait fait preuve dans le choix des doctrines d'une con-
naissance profonde des lignes de démarcation qui séparent l'imagination
de l'orient de l'esprit plus conséquent, plus positif et plus sévère de
l'occident. Il avait laissé à l'Inde son hérédité ou caste sacerdotale, son
mysticisme, sa contemplation extatique, allant jusqu'à la catalepsie et à

---

(1) Pline, l. 30, ch. 1ᵉʳ et 2. Pausanias, l. 3, ch. 23, n° 8 ; l. 7, ch. 25, n° 10.

(2) César, l. 6, n° 13.

(3) Strabon, l. 4, ch. 5, n° 2. Pomponius Mela, l. 3, ch. 6.

(4) *Manava-Dharma-Sastra* (lois de Manóu), l. 10. — « 43. Par omission des
» sacrements et par la non-fréquentation des Brachmanes, les races suivantes de
» Kchatriyas sont descendues par degrés en ce monde au rang des Soudras. — 44.
» Ce sont les Pôndrohas, les Odras, les *Dravidas,* les Kâmbodjas, les *Yavanas,*
» les Sakas, les Paradas, les *Pahlavas,* les *Tchinas,* les Kirâtras, les *Daradas*
» et les Khasas. »

l'hébètement, ses rêves tout à la fois panthéistes et trinitaires, ses incarnations sans fins et ses formules souvent substituées à la pratique des devoirs.

Il avait également laissé à la Perse son dualisme et sa mythologie dont nous nous abstenons de sonder les mystères. Si comme le magisme il s'interdisait les images, il en tolérait l'usage pour le peuple. Comme le magisme pur il n'avait ni temples, ni autels, et sacrifiait en plein air, mais il souffrait qu'on élevât, pour la prière et les offrandes, des édifices consacrés, confiés probablement à la garde des eubages.

C'est dans des conditions analogues que Mithra, Anaïtis et les Piræthes avaient trouvé place dans le culte de la Cappadoce. Les emprunts faits à l'Inde par les druides étaient les dogmes de la fraternité humaine, de l'unité de Dieu, de la création par un acte de sa volonté suprême, de la spiritualité de l'âme, de sa survivance au corps, de l'expiation des crimes et de l'élévation de son être par la science. Ils lui avaient encore emprunté des affinités bien marquées avec le mode d'initiation et l'austérité des Samonéens (1), l'idée d'une sorte d'attribution divine au prêtre ou philosophe du droit de juger, la concentration en ses mains de l'enseignement à tous les degrés, le droit exclusif d'ordonnancer les sacrifices et d'y présider, les réunions conventuelles de chaque année et, ce qui est plus remarquable, l'arme irrésistible de l'excommunication. Le goût de la retraite dans les forêts, la réunion dans les mêmes mains de l'exercice des fonctions du culte, de la médecine et de l'art de la divination et des prophéties étaient communs à la Gaule druidique et au pays des Brachmanes. On y excluait aussi, généralement, les femmes de toute immixtion dans les controverses et les choses religieuses.

Le dieu suprême des Druides, nous l'avons déjà dit, ou plutôt leur dieu unique (les autres n'étant en réalité que ses attributs), était Mercure. C'étaient un nom et un mode de conception de la divinité dû, on ne l'ignore pas, à l'esprit lybien.

Minerve, fille de la déesse *Métis*, qui résumait en elle la science de toutes les races et formait leur trait d'union, était pareillement une conception lybienne qui avait trouvé place dans la théologie gauloise. Jupiter, présidant au ciel visible, se rattache au culte naturaliste. Apollon, guérisseur des maladies, s'offre avec une origine septentrionale. Mars, sous le nom d'Esus, est Celte.

Ce sont là tous les dieux nommés par César (l. 6, nº 17) comme reçus dans la généralité de la Gaule druidique.

---

(1) Voir, pour ce qui concerne les Samonéens, Bardesane, l. 4, § 17, et Porphyre.

XXXV.

Ces adjonctions de provenances diverses n'empêchaient pas que le fonds de la religion instituée par les druides ne fût un produit de l'Inde. Nous nous refusons à voir les druides dans les prêtres hyperboréens dont parle Diodore (l. 2, n° 47), d'accord avec les fragments d'Hécatée. Nous ne nous expliquons même pas qu'on ait pu confondre leur religion, qui était celle d'Apollon et de Latone, avec la religion des Celtes. Nous ne pouvons non plus les reconnaître dans ces Macrobiens et ces Atlantides, dont l'ombre passagère se projette dans un temps fort reculé sur l'occident pour s'évanouir dans l'Irlande ou l'Angleterre.

Mais nous croyons en saisir plus qu'une ébauche dans cette Thrace mystérieuse aux portes de la Grèce qui semble ne l'avoir jamais bien étudiée.

Rappelons nous cette race de chefs, pratiquant le culte de Mercure, acceptée et obéie, comme ses enfants, par des peuples qui adoraient d'autres dieux. Rappelons-nous ces Mysiens si vénérés à cause de la sainteté de leur vie et de leur piété, et qui avaient tant de rapports avec les Samonéens de l'Inde, distincts des Brahmines et des autres sectes philosophiques. Puis, en lisant la préface de la vie des philosophes de Diogène Laërce, réfléchissons à une particularité que l'auteur nous fait connaître.

Aristote, dans son *traité du magicien*, qui est perdu, avait établi une comparaison entre les Mages chez les Perses, les Chaldéens dans la Babylonie, les Gymnosophistes chez les Indiens et les *Semnothées* chez les Celtes : il leur attribue l'invention de la magie, et en fait manifestement des branches sorties d'une même souche. Diogène Laërce dans sa préface des philosophes écrit : « Les druides ou ceux qu'on appelle » Semnothées chez les Celtes et les Gaulois. »

Il n'a pas pu trouver, côte à côte, dans Aristote les Celtes et les Gaulois au temps de ce philosophe. A part les rivages de la Méditerrannée, la Gaule n'était pas connue des Grecs et les druides n'y étaient pas encore. Il n'a évidemment parlé que des Celtes voisins de la Macédoine, et il désigne leurs prêtres philosophes sous le nom de *Semnothées*, qu'on ne rencontre plus ensuite dans les auteurs de l'antiquité. Mais Diogène Laërce, découvrant dans la peinture des Semnothées par Aristote, les traits ou des précurseurs du druidisme, a identifié. Il n'a pas aperçu de différence.

C'est donc dans la Thrace que doit être placé le commencement du druidisme, mais ce n'est que dans l'extrême occident, dans la Grande-Bretagne et dans les Gaules, que s'est opérée sa dernière élaboration.

Il est probable que son établissement n'est pas postérieur de beaucoup aux guerres puniques. Plus tôt, nous le nions, parce que tous les faits historiques connus en repoussent la supposition.

Les druides étaient ignorés des Celtes, d'où qu'ils vinssent, qui avaient envahi l'Espagne et s'y étaient établis, les uns en conservant leurs noms génériques *Kallaïkes* ou *Gallaïkes*, les autres en fondant une race nouvelle et en prenant un nom nouveau avec les Ibères. Ils n'ont pas même pénétré plus tard parmi eux.

Les Sénonais, les Allobriges, les Boiens, les Taurisques, les Ligures et les Ombriens sont entrés en Italie sans druides, et n'y ont pas été suivis par ces prêtres philosophes. *Brenn* qui prit Rome 390 ans avant Jésus-Christ n'avait pas de druides.

L'autre *Brenn* et *Bolge* qui firent cent douze ans après une irruption en Macédoine, en Thessalie et en Grèce, n'en avaient pas non plus.

C'est entre les deux *Brenn* que se place l'âge d'Aristote. Alexandre-le-Grand, son disciple, est né 356 ans avant l'ère chrétienne.

XXXVI.

C'étaient des femmes et non des druides qui avaient l'influence politique et religieuse chez les Gaulois méditerrannéens et dans toutes les parties de la Gaule qui furent en contact avec Annibal un demi-siècle après le second Brenn. L'autorité religieuse était exclusivement aux mains des druides au temps de son apogée. On le nierait en vain. Mais est-elle revenue en partie aux femmes après la suppression officielle du druidisme par le décret de Tibère César ? Ont-elles reconstitué des colléges de prophétesses ? Les druides deshérités par les maîtres du monde ont-ils été obligés de composer avec les prétentions de ces nouvelles voyantes, et ont-ils pactisé avec elles en se les rattachant ? Ces faits me paraissent possibles. Je pourrais même dire certains. Les pouvoirs en décadence cherchent toujours à se rajeunir par des asssimilations. D'un autre côté la Germanie débordait déjà sur la Celtique, et elle ne connaissait d'autre sacerdoce que celui de ses prêtresses (1). De là cette devineresse couronnée dans la Grande-Bretagne, sous le nom de Bundice ou Boadicée, dont les procédés magiques étaient d'une simplicité tout-à-fait primordiale.

Elle vouait les Romains à une défaite assurée en lâchant au milieu de ses guerriers un lièvre épeuré (2).

De là ces druidesses inconnues aux temps de Diodore, de César, de Strabon, de Pomponius Mela que les auteurs de l'histoire auguste nous montrent, annonçant aux généraux romains leur avénement au trône,

---

(1) Tacite, mœurs des Germains, n° 10. César, com. l. 1er, n° 50, et l. 6, n° 21.

(2) Dion Cassius, l. 38, n° 48. Tacite, annales 14, 31 et Agricola.

aux empereurs leur prochaine déchéance ou leur mort (144), si toutefois ces derniers historiens, dont l'exactitude et même la sincérité sont souvent douteuses, n'ont pas rattaché inconsidéremment au druidisme de simples sorcières sans filiation religieuse ou filles déchues du culte de la nature. De là aussi ces femmes, ces prêtres et ces devins animés du même fanatisme national, fulminant les mêmes imprécations, à la lueur des torches, contre les implacables vainqueurs qui venaient poursuivre les débris de l'indépendance bretonne dans sa retraite de l'Ile de Mona (Anglesey) sous le règne de Vespasien (145).

Tout cela retenait encore le nom de druidisme, comme il y a toujours des Brahmines dans l'Inde malgré la difficulté de reconnaître dans ces mendiants, objet du mépris public et d'une terreur supertitieuse, qui parcourent les routes, les successeurs de ces philosophes sublimes jusque dans leurs rêves psycologiques, datant d'une antiquité que je ne chiffre pas.

C'est que les plus grandes religions humaines dégénèrent comme tout ce qui vient de l'homme, et que nous sommes placés dans nos œuvres entre les termes de la grandeur et du néant. La philosophie prenant son essor par les seules forces de l'esprit humain, peut aller loin. Un reflet divin couronne souvent ses conceptions, mais manquant toujours son but final elle reste en dehors des conditions d'immortalité.

La méditation de la nature et de l'histoire ne permet plus de méconnaître que, dans l'ordre moral comme dans l'ordre matériel, les créations émanées de Dieu, ses types impalpables comme ses types tangibles résistent seul aux altérations.

Émile BURGAULT.

---

(1) Lampride, Alexandre Sévère, ch. 59. Flavius Vopisque, Aurélien, ch. 43.

(2) Tacite, annales, l. 14, nᵒˢ 29 et 30.

TABLE DES MATIÈRES.